WIN-WIN!

美國人的雙贏溝通法

「説真話也不傷人」
的聰明人際學！

小林音子—著　高詹燦—譯

アメリカの中高生が学んでいる話し方の授業

「很怕在人們面前說話。」

「初次見面，不知該說什麼好。」

「沒自信能和人聊得熱絡。」

「曾有過講得不好而搞砸的經驗。」

「我自認講得很客氣，沒想到卻惹惱了對方。」

「覺得自己在說話技巧上『很吃虧』。」

閒聊、日常對話、說明、交涉、會議、

談生意、報告聯絡商量、演說、做簡報……

人們給人的印象，會因為「說話技巧」而有１８０度的改變。

不論是工作還是人際關係，

就算說全都是由「說話技巧」來決定，也一點都不為過。

雖是這麼重要的技巧，但在日本，

人們幾乎都沒機會學習「說話技巧」，就這樣踏入社會。

也難怪很多人都會視溝通為畏途。

另一方面，不知為何，

美國人給人的印象是很大方地表達自己的意見。

許多人會給人良好的第一印象。

初次見面就能打成一片。

擁有靠談話來影響他人的能力。

能在眾人面前侃侃而談，
一點都不怯場，深深吸引眾人，
人們口中的「知名演說」、
「成功簡報」，幾乎也都是來自美國人。

這單純只是「國民性」的差異嗎？
美國人與日本人天生資質就不一樣嗎？
不，並非如此。

這是因為，

美國人從學生時代就開始有體系地學習「說話技巧」。

中學生在「出社會前」，

都會上溝通學校學習「出社會後最重要的技巧」。

本書將毫無遺漏地介紹美國中學生學習的
「贏得人們的『共鳴』與『信賴』，
世界標準的說話技巧」這樣的上課內容。

★前言★

美國人從學生時代便開始學習「說話技巧」

「改變說話方式後，人生有了１８０度的大轉變」

「試著像這樣讓話語中帶有感情吧。」
「試著以充滿自信的手勢來說話吧。」
「在搭話前，先觀察對方的情況。」

這都是我實際去美國當地的溝通學校視察時所看到的光景。

「教溝通的老師」與「美國的學生們」之間的對談，就像這樣進行。

我目睹之前很內向、說話很緊張的學生們，一接受老師的指導後，便漸漸能發出有活力的聲音，表情也愈來愈豐富。

而現在，我正在日本教導這項精髓。

「說話方式不管從幾歲開始都還是能改變呢。」

「人際關係會變得很順利。」

「改變說話方式後，人生有了180度的大轉變。」

接受過我指導的人，常對我這樣說。

這都是因為「美國學生所學的說話技巧」非常合理的緣故。

為什麼美國人的說話技巧高超？

大家好，我是小林音子。

身為**溝通教練**，我曾對商業人士、社會新鮮人、考生、教師、講師、演員、藝人、文化人士等**超過三萬名人士**指導溝通的方法。

此外，我也以**TEDx**[1]**演講訓練師**的身分，對站上講臺演講的演說者展開「說話技巧」指導，並以**高階幹部媒體應對訓練員**的身分，針對政界或經濟界的媒體應對方式，指導他們對應媒體的特別溝通技術。

我身為溝通教練的最大特徵，在於以「美國學生們所學的說話技巧」為主軸。

就像我前面提到的，我過去多次前往美國視察當地學生所上的溝通學校，並將當中的精髓納入我自己的方法中。

好了，我的自我介紹就到這兒吧。

1. TED是一個國際性的非營利組織，它的宗旨是「好點子值得分享」，TED的名稱是來自於三個領域：「科技（Technology）、娛樂（Entertainment）、設計（Design）。」並定期舉辦TED大會，邀請來自世界各地、各行各業的學者及知名人士演講，演講影片隨後被上傳至網路即為TED Talks。它的演講大多數都是18分鐘，也就是著名的「改變世界的18分鐘」。TEDx項目是由TED推出的一個項目，旨在鼓勵各地的喜愛TED大會的民眾自發組織TED風格的活動，TEDx項目與TED本身並不帶任何關聯。

請恕我突然問個問題。

要是有人提到「說話技巧很好的人」，你會想到怎樣的人？

我想每個人想到的人物都不一樣，不過，如果舉一個代表性的例子會發現，那些流傳後世，深深吸引人的「知名演說」、「成功簡報」，大多都是出自美國人之手。

舉例來說，說到商業人士間的知名演說家，當然是非蘋果創辦人史蒂夫·賈伯斯[2]莫屬了。他在美國史丹佛大學的那場畢業典禮演說（二〇〇五），隨著「Stay Hungry, Stay Foolish.（求知若飢，虛懷若愚）」這句話一直傳頌至今。

其中，他在發售iPhone新產品時所做的簡報尤為著名，他一面走在舞臺上，一面善用停頓的說話技巧，引起人們的興趣，就此改變眾人的情感和行動。此外，TED Talks上的知名演說，大多也是出自美國人之手。

美國人也很擅長以「說話技巧」來發揮領導力。以「I have a dream」聞名的金恩牧師[3]的演說，廣泛喚起群眾的共鳴，影響了許多人。

美國人過人的溝通能力，不光只表現在工作場面中。

同樣也表現在平時生活中，與周遭人的人際關係上。

各位看美國的影集或電影，應該會發現他們不論男女，與初次見面的人一樣能坦率地交談，很快便與對方打成一片。

雖然很大方地表達出自己的意見，但這給人好印象，感覺人際關係進行得相當順利。

雖然不是人人都如此，但大部分的美國人給人的印象，就算是在商業場合中，一樣不會表現出拘謹死板的一面，會讓人在腦中浮現他們不問年齡和身分，以不拘小節、放鬆的氣氛與人談話的模樣對吧？

2. Steven Jobs，一九五五～二〇一一，名美國發明家、企業家、行銷師，蘋果公司聯合創始人之一。
3. Martin Luther King, Jr.，一九二九～一九六八，美國浸信會牧師、社會活動家，非裔美國人民權運動的主要領導人。

當然了，不能對一個國家的所有國民都一概而論，不過就大方向來說，說美國是「溝通先進國」應該沒錯。

美國人的溝通力並非來自「國民性」！

「話雖如此，那是文化和國民性的差異吧？」

你是否這麼認為呢？

美國人原本就以心態開放、個性開朗的人居多。

這只是因為美國與國民性低調的日本不同，他們天生的個性就很適合與人溝通吧。

或許很多人都這麼認為。

然而，美國與日本有個明顯的差異。

那就是美國的中學生藉由學校上課或課程安排，有體系地學習「溝通」。

此外，美國有許多學習溝通的「學校」、「工作坊」、「營隊」，類似日本的「補習班」。

就像在日本會送孩子去補習班一樣，在美國則是送孩子去這種「學習溝通的學校」。

這是為什麼？

因為他們認為**「日後出社會時，『溝通力』是最重要的技巧之一」**。

正因為「出社會後最重要」，所以在美國會讓孩子在「出社會前」學習溝通。

美國人天生就對與人溝通充滿自信——

雖然我不敢保證他們沒有這種「國民性」的另一面，不過，因為**「有體系地學習溝通」，他們才會對「說話技巧」充滿自信，這應該也是很重要的因素吧。**

另一方面，日本人對「說話技巧」沒什麼自信，也是情有可原，甚至可能很多人覺得「和人溝通是件苦差事」。

歸根究柢，因為好好學習溝通的機會少之又少。

因此，我希望大家能像美國人一樣，發現「溝通是件快樂的事，它能豐富你的工作和人生」。

我也希望大家能藉由學習「說話技巧」而擁有自信。

讓人們喜歡你，和人親近，構築良好的人際關係，擁有充滿幸福和滿足的人生。

這本書中帶有我這樣的心願。

引來共鳴，瞬間影響他人的「世界標準的說話技巧」

那麼，「在美國所學習的說話技巧」又是什麼呢？與「日本一般所知道的說話技巧」有什麼不同呢？

詳情我會在序章說明，不過，如果要在此透露其主軸的話，簡單來說，就是在**「美國的說話技巧」下，很重視「心態」**。

所謂的「心態」，是**說話時「腦中想著什麼事」、「心裡想著什麼事」**。

「這和心態沒什麼關係吧？」

也許有人會這麼認為。

但真是這樣嗎？

各位是否也曾有過這樣的經驗呢？

> 「這個人明明講話很客氣，但就是感覺不舒服……」
>
> 「明明說的是『一樣的話』，但不知為何，A給人好印象，B卻顯得很不高興。」

舉例來說，明明是對方以很客氣的用語說「真的很對不起」，向你道歉，可是卻心想「感覺他根本沒在道歉」、「聽了反而更氣」，是否有這樣的經驗呢？

為什麼會發生這種事呢？

那是因為「心態」無意識地表現在你的表情、動作、細微的音調、聲音起伏上。

雖然只是「對不起」一句話，但是像「先道歉應付一下」、「話中帶著挖苦」這類的「心態」，會以完全不同的印象顯現在對方眼中。

不管你有沒有這個自覺，只要你心中存有「以自我為中心的心態」，就會被人們敏感地看穿。

人們是以「綜合性的感受」來聽你說話，而不是光靠「表面的言語」。

如果「光靠語言的技術」，是無法騙人的。

這就是**「說話技巧」的極限**。

人心可沒那麼單純。

在「光靠語言的技術」下，溝通方面的問題將始終無法得到改善。

因此，如果你期待的是光靠語言的技術，以為「只要這麼說就會一切順利」，那就不推薦你看這本書。

不過，如果你想針對「說話技巧」，從它的「本質」開始學習，這將會是很適合你的一本書。

相信它一定會從根本改善你的溝通狀況，大幅改變你的人生。

★ CONTENTS ★

第一章

調整好說話技巧的「心態」

將「以自我為中心的心態」轉變成「以對方為中心的心態」

第二章

用「話語」來表現心態的說話技巧

第三章 用「非語言」來表現心態的說話技巧

終章

美國的中學生學習的「説話技巧」實踐篇

★序★

美國中學生
學習「說話技巧」
的原則

在前言提到，美國人高超的溝通力，不是源自於「國民性」，而是因為他們從學生時代就已開始學習「說話技巧」。

那麼，我們「日本人所知道的說話技巧」與「美國人學習的說話技巧」，有哪裡不同呢？

那就是我在前言所提到的「心態」。

說話技巧中的「心態」指的是什麼呢？

從第一章開始，在進入說話技巧的「具體方法」前，

我會先在序章介紹「美國人的說話技巧」精髓。

SECTION 1

美國的說話技巧重視「心態」

說話技巧的「心態」是什麼？

我因為想知道美國人溝通技巧的秘密，而實際越洋前往美國，四處查訪當地的溝通學校。

在日本有說話技巧教室，但就我所見，大部分都是針對「話語的表現方式」、「正確的用詞遣句」等「說話的技術」來學習。

因此，起初我以為在美國的溝通學校也是學習類似的「技術」。

也許比日本更有技巧性。

但實際四處查訪後發現，**美國並非單純只教「技術」，還教導溝通用的「心態」。**

前面一再提到「心態」，不過，單說到「心態」，實在很難在腦中浮現畫面。

說話技巧的「心態」到底是什麼呢？

接下來就伴隨具體的案例展開說明吧。

「這個人說話明明很客氣，但感覺不舒服……」的真正原因

舉例來說，請想像一下有人對你說「這件衣服真時髦」的情況。

會不會因為說這話的對象，或是同樣的對象，但不同的說話時機，而有時給人好印象，有時給人壞印象呢？

儘管「這件衣服真時髦」這句話本身沒什麼不同。

為什麼會發生這種事呢？

其根本的原因在於說話時的「心態」。

是真的覺得「時髦」，才說「這件衣服真時髦」嗎？

是心裡想著「其實他穿起來並不合適，但我還是誇他幾句，給他留個好印象吧」，才這樣說嗎？

是心裡盤算著「接下來我有事要說，不希望他吐槽，所以先轉移話題吧」，才這樣說嗎？

還是心裡想著「我想向他強調，我懂得時髦」，刻意這麼說？

說這話的時候，心裡想著什麼事呢？

雖是同一句話，卻會因此而給人完全不同的印象。

就像我在前言提到的，這是因為「心態」無意識地表現在你的表情、動作、細微的音調、聲音起伏等「非語言表現」上。

為了掩飾內心，或許也能用表情和音調等「非語言表現」來巧妙偽裝，與對方接觸，但我們知道這並非溝通的本質。所謂的「假笑」就是很好的例子。

不管你以為自己表面上擺出多棒的笑容，但只要你是為了滿足自己的欲望，「別有居心」，就一定會顯露在表情或動作等「非語言表現」上。

雖然只是一個笑臉，但如果心態不同，就會分別在表面上呈現出「溫柔的笑臉」、「溫暖的笑臉」、「燦爛的笑臉」，或是「討好的笑臉」、「僵硬的笑臉」、「嘲諷的笑臉」。

就像這樣，人們會敏感地察覺出笑臉背後微妙的差異。

不論是「語言表現（話語）」，還是「非語言表現（表情、動作等）」，「呈現在人們表面上的事物」並非只是單一發生，而是如實反映出你當時心裡的情感、思考、欲望，也就是你的「心態」。

因此，就算以「呈現在人們表面上的事物」來和對方接觸，還是無法根本解決溝通的問題。

就算有技術，「以自我為中心的心態」還是會洩露一切

在日常的溝通中，潛藏著許多這種「說話很客氣，但感覺不舒服」的情形。

舉例來說，A在咖啡店裡等朋友。

A為朋友選了一個方便談話的位子，坐著等候。

這時，店員向他喚道「這位客人，那邊的座位採光好，是很搶手的座位，您要不要移往那邊坐？」。

雖然當時店員滿臉笑容，很客氣地說道，但A總覺得不太對勁。

而且是帶有負面感覺的不對勁。

這種情況用「不舒服」來形容最合適。

店員請他移座本身並沒錯。

如果店員能坦白地說一句「因為有團體客要來，可以請您改坐那個座位嗎？」，A也就不會覺得聽了不是滋味了。

光從話語來看，店員的用語很客氣。

那麼，為什麼會感覺不舒服呢？

那是因為這位店員可能「心術不正」。

店員心想「因為有團體客要來，所以想請他移往較小的座位。不過，因為座位四周比較喧鬧，不知道客人願不願意換位。所以我說句好聽話，請他換位吧」，暗自竊笑，「別有居心」。

坦白說，店員是想欺騙客人，讓他順著自己的意思走。

但實際決定是否要換位的人，是客人A本身。

無視於這項事實，講得一副好像「我是為A著想」，但心裡卻存有「這個策略應該行得通吧」這種「不純正的心態」，而說出那樣的表面話，對方會敏感地看穿。

這就是「這個人說話明明很客氣，但感覺不舒服……」的真正原因。

美國人之所以說話技巧高超，並非因為有「說話用語的技術」！

「這個人說話明明很客氣，但感覺不舒服……」這在私下的溝通中也會發生。

聽說我的朋友B也有過類似的經驗。

B某天收到同事C傳手機訊息給他，寫著「這個星期五一起去喝酒吧」。

B同意他的邀約，事先為C空出星期五晚上的行程。

但就在那天即將到來時，C突然傳來簡訊說「原本說好的星期五晚上之約，因為考量到你的時間安排，改到星期六比較合適對吧。那就改星期六吧？」。

B看到這則簡訊，感到一股無名火起。

雖然不知道詳細的真相為何，但想必是C在說好的星期五另外和別人有約吧。

到此為止沒有問題。

每個人都可能會遇上預定行程撞期的時候。

問題在於簡訊的內容，那就像是為了B而刻意更改日期似地，感覺是強迫對方接受。

雖然是C自己時間不方便，卻講得一副像是考量到B才這麼做。

照理來說，C大可坦白地說「真抱歉。雖然是我自己選的日期，但我那天不太方便，很抱歉，可以改到星期六嗎？」。

　我死也不要道歉。

　我不想讓人認為是我太任性。

　比起後來插入的其他約定行程，我和B的約定行程優先順位比較低，這我不想讓B知道。

　我不想被責怪。

　我不想欠他。

不知道理由是什麼。也許這些原因全包含在內。

不管怎樣，最後C讓B「覺得很不舒服」。

你周遭或許也有會說「我是為你好才這麼說」的上司，或是說「我是為你好才這樣說」的朋友、夥伴或是父母。

　但這真的是「為你好」嗎？

當然了，有時真的是為你著想才那樣說。

不過，也可能是想「照自己的意思去操控眼前的人（你）」，是「為了自己好」才那樣說。

對對方的「心態」要是不真誠，就會「不舒服」地顯現出來。

你「不舒服」的感覺和細微的情感，也許代表了重要的真相。

人心可沒那麼單純。

只做表面的「說話方式」，不管再怎麼掩飾，只要你是「以自我為中心的心態」，一定會被人看穿。

人類具有這樣的絕佳能力。

說話的「心態」，正是溝通的本質。

這樣的「心態」，過去在日本被視為一種精神論，但實際上，「心態」明顯左右著溝通的好壞。

溝通是「自己的心態」與「對方的心態」展開的對話，話語只是傳達對話的工具。

著眼於這種溝通下的「心態」重要性，加以體系化，這就是「美國學生學習的說話技巧」。

溝通光靠「話語技術」是無法蒙混過關的。

受人喜歡的「說話技巧」，勢必得建立在良好的「心態」上。

這正是日本過去一直被忽略的地方，也正是溝通的本質。

溝通的九成都是由「心態」決定

為了避免誤會，在此要先說明一點，我前面舉的例子，用意並不是要說「不能請客人換座位」、「不能請對方變更約定行程」。

每個人都有表明自己的想法或要求的權利。

並非「不能說出自己的意見」。自我主張或發表意見本身，也是很重要的一環。

問題在於沒「尊重對方」。

因為嘴巴講的是「為了對方」，但心態卻是「為了自己」。

而這種「不純正的心態」，當事人往往都沒自覺。

所以才可怕。

前面提到那位想要客戶換座位的店員，以及想改變預定行程的C，想必都對自己竟然懷有「不純正的心態」毫無自覺吧。

正因為這樣，若一直都「毫無自覺」，這種心態便會在沒有意圖的情況下，「無意識」地顯現在表情或動作上，讓你給人的印象變差。

溝通的對象會很敏感地看穿那無意識的「心態」。

相反的，是否有以下這樣的人呢？

- 明明講的全是酸言酸語，但不知為何，很討人喜歡的老爺爺。
- 明明很毒舌，但不知為何，感覺很溫柔的老師。

這正是與人的溝通不能光靠「話語」來說明的證據。

不，倒不如說——

- 就算講話很客氣，但只要心態不純正，就會讓人看了不舒服。
- 雖然講話粗枝大葉，但因為心態健全，所以給人好印象。

從這樣來看，我們可以明白，在溝通上，「心態」比什麼都來得重要。

就算說「溝通有九成是由『心態』來決定」，也一點都不為過。

說話方式的「心態」有其方法論

看到這裡，你是不是認為：

「我知道心態很重要了，但具體上該怎麼做才好呢？」

請放心。

我已將它的方法論體系化，寫在第一章了。

在此先扼要地談一下它的主軸，在與人溝通時，重要的是：

- 對「以自我為中心的心態」要有自覺。
- 要將「以自我為中心的心態」改為「以對方為中心的心態」。

前面我提過，大部分人對於自己不純正的心態都毫無自覺。

其中有一半以上都是**「以自我為中心的心態」**。

與人說話時，如果沒有「以自我為中心的心態」，溝通就會產生很大的改變。

你是否曾經希望對方有以下的想法？

- 希望對方說你很厲害
- 不想被討厭
- 希望對方覺得你聰明
- 不希望對方覺得你沒能力
- 希望對方覺得你有趣
- 不希望被鄙視
- 希望對方了解你
- 希望對方覺得你工作能力強
- 希望對方覺得你是個好人
- 不希望對方認為你是個騙子

- 希望對方覺得你很受歡迎
- 希望對方覺得你眼光好
- 希望對方覺得你很貼心
- 不希望對方覺得你心胸狹窄
- 希望對方覺得你溫柔
- 不希望對方覺得你任性
- 希望對方說需要你

擁有這種「想獲得別人認同」的欲望，是很自然的事，但如果抱持「只為我自己好」的心態來和人溝通，就會讓人覺得不對勁。

舉例來說，要是「希望對方覺得我很誠實」的這種尊重需求，用「以自我為中心的心態」，說成「我打出生以來，從沒說過謊」，對方就會心想「這個人一定是希望我覺得他很誠實」。

也許有人會更深入細想，覺得「他因為別有所圖，才假裝誠實想要騙我」。這正是給人「不舒服」感的原因。

只要對此有所「自覺」，你的溝通就會大幅改善，而反過來說，要是沒有「自覺」，縱使你說得再冠冕堂皇，也還是無法抹除那「不對勁的感覺」。

而當你心想「我現在是以自我為中心在思考」，有這樣的自覺後，便能加以掌控，改變成**「以對方為中心的心態」**。

其具體方法，我歸納整理在第一章。

不過，前面主要都談到「心態」，但這並不表示「技術」一點都不重要。

倒不如說，管理好「心態」後，才能活用「技術」。

在進入第一章「調整好說話技巧的『心態』」前，要先對此有所了解。

SECTION 2

正因為有「心態」，才能活用「技術」

改善「心態」與「技術」雙方

我們已明白，美國人善於說話的原因，不是「技術」，而是「心態」。

因此，在美國的溝通學校很重視「心態」管理的訓練。

當中令我感到驚訝的是，在兩人一組的問候訓練中，學生向同學問候之後，講師問他：

「你在問候時，腦中想的是什麼事？」

講師的焦點不是放在表面上說的話，而是「當你在說話時，心裡想的是什麼」。

我這才發現，過去我們的問候只當作是一種禮儀和習慣來進行。也就是將焦點放在「做法」上。

在美國，他們重視的不是問候本身，而是問候時的心態。

不過，這並不表示「技術」不重要。

就像前面的例子提到的：

- 明明講的全是酸言酸語，但不知為何，很討人喜歡的老爺爺。
- 明明很毒舌，但不知為何，感覺很溫柔的老師。

的確，只要「心態」調整好，就算講起話來粗枝大葉，也會給人相當程度的好印象。

這種人只是沒有好的「技術」，但「心態」很健全，所以一開始或許容易被誤會，但仔細聊過之後，會發現他是好人。

不過，這種人往往會因為表現的技術不成熟而吃虧，實屬可惜。

就算只有健全的心態，還是不會順利。

唯有「心態」和「技術」雙方都改善，你的溝通力才會發揮最大的力量。

用來表現「心態」的工具，正是「技術」

舉例來說，儘管你抱持「想表達心中感謝之情」的「心態」，但要是你無法巧妙說出「致謝的言語」，往往都無法向對方傳達出感謝之情對吧。有可能明明是在感謝，卻讓對方感到落寞，或是對方誤以為「是不是造成他的困擾」，甚至是讓希望你答謝的人火冒三丈。

換言之，用來表現「心態」的工具，正是「技術」。

如果不了解這個構造，會給對方帶來誤會和不悅。

下面的例子，就是因為傳達的技術而造成誤會。

在一場同事的聚會中，談到要大家聚在一起為D慶祝，而正在安排這項行程時，E回答道：

「就選大家決定的日子吧。要是我那天有空的話，我會出席。」

其他同事聽了，以為他是不想參加慶祝的聚會，就用這句話回絕。

聽說E其實很想去，但「因為要照顧父母，要調整行程有困難，為了不想給大家添麻煩，所以希望大家決定日期就好，不用顧慮他」。

E因為說話技術不好，不能巧妙表達自己的想法，最後被眾人討厭。

「說話的技術」分成兩種

前面因為方便的考量，以「話語的技巧」這樣的含意，來使用「說話的技術」一詞。

不過，嚴格來說，「技術」又分成兩種。

分別是「語言表現」和「非語言表現」。

所謂的「語言表現」指的是：

「〇〇先生，你做這項工作」這種說法，或是「〇〇先生，可以麻煩你處理這項工作嗎？」這種說法，指的都是「說話方式」。

這裡頭當然也有其方法論。

而相對於「技術」的另一種說法，是「非語言表現」。

所謂的「非語言表現」，是除了「語言表現」外，用來傳達你感受和想法的工具。

例如表情就是其中一種工具。

儘管沒說話，但只要你以笑臉相迎，就能傳達出「善意」；如果板著臉，就會傳達出「不悅」。

除了表情外，像動作、些許聲音的音調或高低起伏也同樣是「非語言表現」。

實際上，心態會強烈表現在「非語言表現」上。

例如「果然不簡單。厲害哦！」，雖然話語聽起來是誇獎，但會不會覺得被對方瞧不起？

像這種情況，是因為誇讚的一方心裡想「我姑且先誇他幾句比較好」，或者是存有「只要表面誇他幾句，他應該會很高興吧」、「在他面前展現出能誇讚他的從容，讓他明白還是我比較厲害」這樣的心態。

這樣的心態，會不自主洩露在話語的高低起伏、表情、音調、態度上。而受你誇獎的人，也會敏感地感受出你洩露的部分。

正因為這樣，想法全傳達給了對方。

前面我們看了說話者的心態，不過，聆聽者的心態也很重要。

也就是說，需要展現出願意聆聽的態度。

各位是否曾經有過這樣的經驗呢？自己明明在說話，卻發現「啊，這個人沒仔細聽我說」。

像這時候，對方身為聆聽者，卻沒有想聽的心態。

因此，腦中想著其他事，或是心不在焉，都會不自覺地表現在「非語言表現」上。

不管怎樣，這都會被對方看穿。

美國中學生學習的說話技巧「三大主軸」

溝通可分成「心態」和「技術」。

而「技術」有「語言表現」和「非語言表現」。

因此，**為了提升溝通能力，需要改善「心態」、「語言表現」、「非語言表現」這三項。**

而這三項正是「美國中學生必學的說話技巧」的主軸。

圖表1

美國的中學生所學習的說話技巧中，很重要的「三大主軸」

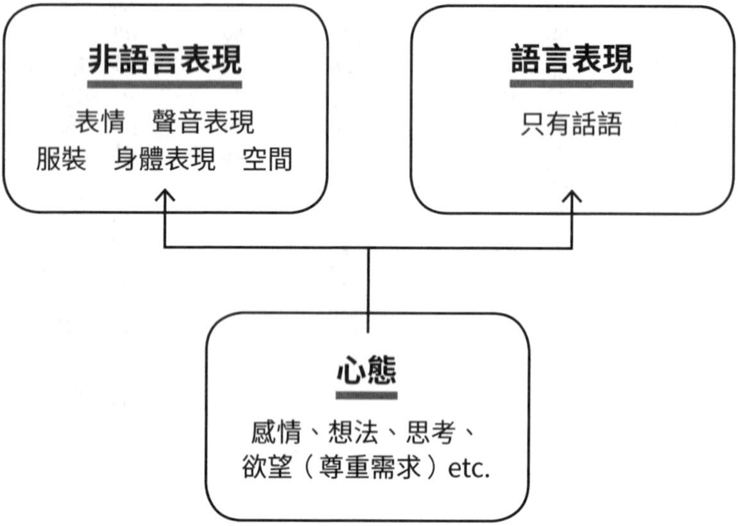

如圖表1所示，「心態」是基礎，上面則是「語言表現」和「非語言表現」，呈現出這樣的關係。

本書從第一章開始，會逐一對「心態」、「語言表現」、「非語言表現」這三項展開解說。

三大主軸① 心態

就像前面所提到的，說話技巧首重「心態」。

- 明明用語和態度很客氣，但不知為何，給人的感覺不太好。
- 明明講話粗枝大葉，態度冷淡，但不知為何，感覺是個好人。

既然現實中有這種人存在，那麼，在人們的溝通中，最重的不就是「心態」嗎？如果沒調整好「心態」，就算再怎麼修飾「技術」，也只會給人壞印象。

之後在第一章，會說明「調整心態的方法」。

那麼，「調整心態」又是怎麼一回事呢？

就像前面所說的，當「給人不好的感覺」時，「心態」便是處在「以自我為中心」的狀態。

- 我絕對沒錯
- 受誇獎是理所當然的
- 我就算有錯，也不想道歉
- 不想負責
- 只想挑好的
- 希望對方無條件協助
- 想博取同情
- 想得到關注
- 不想付錢

●不希望對方不配合我

●想操控對方，完全照我的意思走

●想得到好處

像這些「不純正的心態」，會被對方看穿。

而**這種「不純正的心態」，大部分的人自己都毫無自覺**。

因此，要先對自己「不純正的心態」有所自覺開始做起。

雖然是有點艱澀的用語，不過，這有另外一種稱呼，叫作**「後設認知」**。

各位是否也都聽過「優秀的商務人士懂得『後設認知』」呢？

所謂的「後設（meta）」，在英語是「從上方往下看」的意思。

而所謂的「後設認知」，是「從上方往下看自己的狀態」，也就是「對自己所想的事，能充分認知的狀態」、「客觀看待」。

話說回來，對於無意識存在於自己心態中的「不純正心態」，如果不能自己好好認知的話，便無法改善。

而沒發現自己心中「不純正心態」的人，不管時間過得再久，一樣會是「給人感覺不舒服的人」。

首先要學習靠自己去認知「不純正心態」的方法。

之後，等你有這份自覺後，要讓「不純正心態」就此停住，改變成「以對方為中心」的心態。

不過，要是過度「以對方為中心」，將會犧牲自己，所以要特別注意。所謂的「以對方為中心」，不是對對方唯命是從。要擁有自我主軸，尊敬對方，同時保持平衡。

請採取尊重自己，同樣也尊重對方的態度，保有能尊重彼此的「心態」。

前面所說的方法，會在第一章加以歸納整理。

三大主軸② 技術：語言表現

「美國的中學生必學的說話技巧」第二項，是「語言表現」。

如同前面所說的，所謂的「語言表現」，是「你所說的話」，同時也是「說話方式」的技術。

第二章要談的，就是如何改善「語言表現」。

那麼，「改善語言表現」，具體來說又是怎樣的情形呢？

本書主要是學習「附和的話語」。

所謂「附和的話語」，是指聆聽對方說話時的「附和」。

例如：

- 「嗯」、「是啊」、「咦」、「真的嗎？」
- 「原來如此」、「然後呢？」、「也就是說？」

對方在說話時，你在一旁附和。

「咦？所謂的『語言表現』，就只是學如何附和？」各位心裡是這麼想的，對吧？

不過，本書的目標，是「讓你給人的印象變好」，以及「別人會產生共鳴，為你展開行動」。

為此，首先要學會附和，這樣才比較容易展現出成果。

因為人是希望別人傾聽自己說話的生物。

如果你希望受人喜歡，改善人際關係，基本上請不要當「自己主動說話的一方」，而是要當「聆聽對方說話的一方」。

「希望你聽我說話」，是「對方所要的」，所以你成為「聆聽的一方」，確實能博得對方好感。

因此，想要「擅長說話」，最好的方式就是「擅長聆聽」。

為了能「擅長聆聽」，在第二章的「語言表現」中，我們主要針對「附和」來學習吧。

請務必要藉由學會附和，來讓自己成為一個討喜的人。

三大主軸③ 技術：非語言表現

「美國中學生必學的說話技巧」的第三項，是「非語言表現」。

所謂的「非語言表現」，就像音質、音量、高低起伏、音調等說話方式一樣，是針對對方的「聽覺」來傳達的表現，以及像手勢、表情、動作、姿勢等針對「視覺」來傳達的表現，屬於「語言以外」的部分。

此外，像服裝、髮型、眼鏡、飾品、化妝等，也算是非語言表現，說得簡單一點，語言表現以外的表現，全都可說是非語言表現。

有個知名的研究，顯示出「非語言表現」有多重要，它叫作「麥拉賓法則」。

所謂的麥拉賓法則，是經美國心理學家艾伯特・麥拉賓（Albert Mehrabian，一九三九～）的實驗證實，一項關於話語接收方式的法則。

根據該研究指出，人與人在溝通時，語言本身的作用占7％，聽覺資訊占38％，視覺資訊占55％，以這樣的比率來解釋資訊。

一般人往往都以為人們是靠語言來理解資訊，但其實是靠聽覺資訊和視覺資訊合起來的93％的非語言表現來接收資訊。

也就是說，是以「非語言表現」來解釋資訊。

因此，**比起「技術」中第一項的「語言表現」，「非語言表現」其實更重要。**

以重要度來說，「心態＞非語言表現＞語言表現」。

在第三章，會提到用來讓你的人際關係變得更圓融的「非語言表現」的方法論。

以上就是「美國中學生必學的說話技巧」三大主軸。

在接下來的第一章，我們就先從說話技巧的「心態調整法」開始切入吧。

第一章

調整好
説話技巧的
「心態」

在序章中提到，「美國的說話技巧」有「心態」、「語言表現」、「非語言表現」這三大主軸。

而當中最重要的便是「心態」。

因為不管用再客氣的話語去掩飾，擺出再好的笑臉，你「心底的想法」一定還是會讓對方感受到。

而且正因為你「毫無自覺」，所以才可怕。

那麼，具體要呈現出怎樣的心態才好呢？

在第一章，就讓我來介紹三大主軸之一的「心態調整法」吧。

SECTION 1

被人討厭的原因是「以自我為中心的心態」

「以自我為中心的心態」一定會外露

就像我前面提到的，當你擁有「以自我為中心的心態」時，它尤其會顯露在非語言表現上，給對方負面印象。

即便你講好聽話，想以此掩飾自己的心態，這樣的嘗試仍會讓對方感受到，而更加給人嫌棄感。

如果你潛藏著這樣的心態而毫無自覺，就算你說再多好聽話，也很難掩飾給人的這種印象。

就像我在序章所提到的，「以自我為中心的心態」正因為毫無自覺，所以才可怕。

就算我指出有「以自我為中心的心態」，但大部分人都會說「我可沒有想要控制別人的念頭哦」。

不過，當你呈現在別人面前是這種感覺時，大多都是心中存有「以自我為中心的心態」。

很多人不是沒有「以自我為中心的心態」，而是確實存有這樣的心態，但由於這樣的想法太過細微，以致自己渾然未覺。

因此，首先要留意自己心中這種「細微的想法」，產生自覺。

接著要面對產生自覺的「以自我為中心的心態」，一方面尊重自己，一方面將它改變成「以對方為中心的心態」。

目標是自信的心態。

這是美國人在溝通上所重視的，意指「重視自己和對方」。

我會在本章介紹這個方法。

「以自我為中心的心態」，有九成是「尊重需求」

那麼，「以自我為中心的心態」，是從何而來呢？

它是來自於尊重需求。

所謂的尊重需求，是想要肯定自己有存在價值，想獲得別人認同的願望。

- 希望別人尊敬我
- 希望討人喜歡
- 希望別人覺得我聰明
- 希望別人覺得我有才能
- 希望別人覺得我有趣
- 希望受人信賴

● 希望被理解
● 希望別人覺得我有工作能力
● 希望別人覺得我是好人
● 希望別人覺得我誠實
● 希望別人支持我
● 希望別人覺得我眼光好
● 希望別人覺得我是個貼心的人
● 希望別人覺得我是個大器的人
● 希望別人覺得我溫柔
● 希望能以自我為中心
● 希望別人覺得我有價值

這種需求就是尊重需求。

然而，嚴格來說，擁有這樣的需求本身並非壞事。

只要獲得別人的認同，任誰都會感到愉悅和開心吧。

沒有自信時，這種「認同」會幫助自己提高自我肯定感，賜予勇氣或動機。

只要是人，就一定會有需求。

正因為有需求，所以人才會成長。

那麼，問題會出在哪兒呢？關鍵在於「想讓別人這麼想」。

- 要讓人尊敬我
- 要討人喜歡
- 要讓人覺得我聰明
- 要讓人覺得我有才能
- 要讓人覺得我有趣
- 要讓人信賴我

●要讓人理解我
●要讓人覺得我有工作能力
●要讓人覺得我是好人
●要讓人覺得我誠實
●要讓人覺得我受歡迎
●要讓人覺得我眼光好
●要讓人覺得我是個貼心的人
●要讓人覺得我是個大器的人
●要讓人覺得我溫柔
●要隨心所欲地操控
●要讓人覺得我有價值

擁有需求本身不是壞事，但要是為了滿足這份需求而採取過度的行動，使對方覺得自己被強迫，被支配，認為自己遭到刻意地利用，便會被對方討厭。

暗示或是透露，有時也會讓人覺得不舒服，要多加留意。

人們對於被控制一事，會非常厭惡。

對方要怎麼看待你，原本是對方的「自由」。

但如果強行「想讓人這麼想」，便如同是奪走對方的決定權。

正因為這是奪走對方判斷的自由，想加以控制，所以「想讓人這麼想」會給人壞印象。

這常見於那些想談自己工作精采表現的人，或是愛談自己過去光榮事蹟的人。

是否從這些人身上覺得有哪裡不太對勁呢？

也許是因為他們都「想讓人覺得」自己是「工作能力強的人」、「厲害的人」。

如果你希望自己討人喜歡，對方要怎麼看待你的願望，就交給對方去決定吧。

為此，要對自己的需求有自覺，這點很重要。

對於自己想滿足這項需求的「以自我為中心的心態」，也要有所自覺。這正是討人喜歡的溝通方法的第一步。

因為「無法管理尊重需求」而被人討厭

如果特別留意尊重需求，在對話中就會看出自己和對方的心態。

為了管理自己的尊重需求，首先得發現自己毫無自覺的需求。

光是從毫無自覺轉變為有自覺，溝通便就此開始改變。

為了開始管理尊重需求，不妨看看「無法管理尊重需求的五個錯誤案例」，然後回顧自己的經驗，展開後設認知吧。

錯誤① 總是自顧自地說

這是人稱「對話搶劫」的行為。

是因為無法壓抑「我希望對方聽我說」的尊重需求而產生。是別人話說到一半，突然將說話的主導權搶過來，或是改換成自己要說的話，整體來看都是自己在講話的一種行為。

此外，對話搶劫是發生在遇到自己想說的事，覺得非說不可，而沒認真聽對方說話的時候。

總是說自己的事，而不聽別人說，聊自己的事情時聊得眉飛色舞；但聽別人說話時，不是在滑手機，就是擺出興趣缺缺的態度。

把和眾人談話的時間當作是以自我為中心的時間，加以獨占。

這並不是說，自己想說的話不能說。

但說話的時間分配與抓準時機的方法相當重要。

每個人都有「希望別人聽我說」的需求。

但如果都自顧自地說，這樣根本完全沒考量到對方。

與人溝通時，勢必得謹慎地考量到「對方說話的時間」與「自己說話的時間」的分配和平衡。

不能總是都自己單方面在說，但也不能都是讓對方說。

不過，真要說的話，只要抱持提供多一點時間讓對方說的心態，這樣就行了。

舉例來說，有人提議「要不要下次我們三人聚在一起，辦一場姊妹聚會，順便聊聊近況？」，後來實際三個人在咖啡店裡聚會時，其中一人說「妳們聽我說哦」，就此說起她和男友分手的事。

講了約兩個小時後，她問「妳們兩人最近過得怎樣？」，另一人開始說「出來夠久了，也差不多該回去了」。

這種情況下，那位暢談失戀的女生或許覺得心情舒暢不少，但其他兩人完全沒時間報告近況，所以就算會讓她們覺得「寶貴的時間都被她一個人獨占了」，也是沒辦法的事。

因為那個女生只顧著聊自己和男友分手的事，完全沒考慮到其他人。

藉由對話與人溝通時，談話的比重就以對方六成，自己四成作為目標吧。

如果想更加博取對方好感，就以對方八成，自己兩成為目標。

就像剛才舉的例子一樣，如果是三個人展開對話，就不該單純以自己的說話量占三分之一為目標，而是自己五分之一，其他兩人各五分之二，與其將重心擺在自己說，不如擺在傾聽上，這樣更容易博得好感。

為了能展開這樣的時間分配，要避免以自我為中心的心態，而是要抱持考量到對方的心態。

要特別留意，避免獨占說話的時間，以及把應該聆聽別人說話的時間變成是自己的時間。

錯誤② 想在有利的情況下，讓對方採取行動

某天，你和朋友聚會後道別時，朋友問你「○月○日晚上你有空嗎？」。

你回答那天沒什麼特別安排，結果朋友說「那天是我生日」。

如果是這樣的對話，在現場的氣氛下，你勢必得說「那非得幫你慶生不可，要不要一起吃頓飯？」。

朋友聽了，也許會表現出驚訝的樣子說「咦，你方便嗎？」，但不管怎麼看，這位朋友打從一開始都表現出希望你替他慶祝的感覺。

在這種情況下，這位朋友或許得到滿足，但你卻五味雜陳。因為心裡有個疙瘩，感覺是被迫得這麼說。

你有可能被對方選來當作滿足尊重需求的對象。

你的朋友可能是想要有人替自己慶祝的畫面。

在現在這個時代，也許他是想拍攝和你在餐廳乾杯的照片，上傳到社群

網站上。然後在上面寫一句「朋友替我慶生！」。

不光要你替他慶生，自己也投入接受別人祝福的演出，想獲得社群網站上的追蹤者認同，這也許是他的計畫。

如果這是他的目的，餐廳應該也會挑選感覺很高級的店家，而你很有可能非請客不可。這是因為尊重需求過於強烈，自己非得成為理想的主角才會滿意，因這種不純正的心思而安排了這樣的計畫。

換句話說，我用這個小插曲想要表達的是，如果在以自我為中心的心態下想操控別人，一定會惹人厭。

希望某人做某件事的想法本身並不是什麼壞事。

直接拜託對方做，或是對方自己想這麼做，這都不會讓對方感到不悅，所以在溝通上不會產生任何問題。

但儘管對方沒這個意願，卻強制要對方有這個意願，要對方說「我想做」，或是讓對方展開這樣的行動，這種以自我為中心的心態，會惹人厭。

也就是說，完全不考慮對方，只想要自己得利，如果以這種心態與人溝通，很有可能會惹來反感。

再舉另一個例子吧。

F和幾位朋友一起參加聯誼。

聯誼進行到一半，G似乎有話想對F說。朝她比暗號，暗示她「喂，講妳常說的那件事啊」。

那是G常用的老哏，用來給人留下好印象，讓人知道她有多會做菜，是位多顧家的女性。

F在心裡嘀咕「咦，又要我聊那個話題」，很不願配合。

因為這時候突然談那個話題，顯得很不自然，而且這樣就只是在吹捧G，其他人會覺得很掃興。

但就在F猶豫時，G自己搬出那個話題，說道「F常誇我做的便當好吃，我聽了很開心……」。

F就此非跟著說不可，搬出那個老哏，直誇G很會做菜。

在這種情況下，G那以自我為中心的心態，已被F看穿。也許其他朋友和聯誼的男性們也覺得不太對勁。

這時候，G奪走F選擇話題的權利，肯定惹人嫌。

如果G在參加聯誼前，很坦然地向F請求道「可以在進行到一半時談那件事嗎？拜託！」，那就還好。

因為這不算是在操控人。

當然了，受她請求的F也有權利可以選擇不談那個「誇獎的老哏」。

而不論是選擇「說」還是「不說」，G最好都別因此生F的氣，或是強迫她說。

就像這樣，儘管是同樣的請求，但不尊重對方的意思和行動，只憑以自我為中心的心態來強迫別人，只會惹人嫌。

錯誤③自己覺得好而給人建議

所謂的建議，是提供建言給需要幫助的對象，但有幾點要注意。

因為人們在給別人建議時，會在不知不覺間，「為了讓自己占有優勢」而提供建議。

隨意提供建議，會讓人認為你是想擺架子，如果給的建議是對方已經知道的事，對方會覺得自己受到輕視，這會成為你惹人厭的原因。

某天，你因為接連處理精神很緊繃的工作，而備感疲憊，在辦公室的休息區歇口氣。

這時，一名同事也前來休息，他一看到你便說「你好像很累呢」。

你回答「是啊，這個禮拜忙翻了——」，本想告訴他這一個禮拜自己是如何精神緊繃，但那位同事卻馬上接著說道：

「你絕對是缺鋅。所以你要多吃含鋅的○○和○○，或是喝營養食品○○。還有，每天至少得保有○小時的睡眠時間才行。在就寢前三十分鐘，要悠哉地泡個熱水澡。還有啊……」

同事想將他知道的知識全部說給你聽。對你為什麼疲憊一點都不關心。

其實你就只是想告訴他，自己有多辛苦。

這的確是因為對方替你擔心才展開的對話，所以同事是真的替你擔心。但猛然回神後，發現這單純只是在炫耀自己的知識，聽著聽著，甚至覺得對方是在表示「我比你有知識」，想在你面前擺架子。

由於同事抱持著以自我為中心的心態，想和你溝通，反而讓你陷入更加疲憊的狀況中。

就像這個例子一樣，之所以會炫耀自己的知識，是因為覺得自己比對方有知識、在對方之上，並以此自豪，想讓對方感到佩服，出言誇獎你，全是出於這樣的尊重需求。

對方明明沒開口拜託，你卻自己提供建議，這樣會惹人嫌棄嗎？其實是因為這表示你不想了解對方，對對方的心態不感興趣。

如果自己的感受和想像明顯遭對方忽視，任誰都會覺得不舒服。

因此，對方明明沒提出要求，你卻自己主動給建議，這種情況要盡量避免。這會變成「多管閒事」。

與其那麼做，不如好好傾聽對方希望告訴你的事吧。

錯誤④ 好心地說明

「好心地說明」與前項的「覺得好而提供建議」很類似，但不同的是，這連提供建議都算不上。

假設你隸屬於公司的會計部門。

現在已使用會計軟體，但考量到要對應新的稅制，你決定重新省視這套軟體。

剛好這時某家會計軟體供應商向你推銷「請讓我向您介紹我們公司的這套會計軟體」，於是你決定聽聽他怎麼說。

你告訴對方，你想聽聽看這套軟體對新稅制的對應狀況，那位業務員便開始展開說明。

「我們採用的會計軟體是能在瀏覽器上使用的雲端服務模式，所以不必安裝到貴公司的終端機上。收費也是採按月合約或按年合約的訂閱方式。說到訂閱，原本指的是雜誌或報紙這類的訂購閱讀支付方式，現在也用在軟體定期使用費的支付方式上。大家所熟知的訂閱服務，有影片播放服務、音樂播放服務，或是電子書的無限制閱讀，現在已成為軟體支付方式的主流。此外，在我們生活周遭……」

你應該已開始感到煩躁了，於是你開口說：

「您可以不用再說明了，因為我知道訂閱的事。重要的是，對於明年度開始實施的新稅制，你們的軟體是如何對應的？」

也就是說，你想知道的是軟體對於重要的新稅制是如何對應，但這名業務員對此一概不說明，而是自以為好心，想仔細說明自己知道的一切。

「希望對方覺得我是好人」、「想讓對方認為我工作能力強」、「想博得對方的信賴」、「希望對方當我是個貼心的人」、「想讓對方認為我有知識」，一直期望滿足這些尊重需求的機會來到時，容易發生這樣的狀況。

再舉一個例子。

你和朋友們在澀谷會面，因為來到午餐時間，大家談到要在這一帶用餐。

這時，眾人的意見即將達成共識，認為「就選墨西哥料理吧」。

接下來當然是準備在澀谷一帶找尋適合的店家，但當中一位朋友開始說道：

「墨西哥料理不錯哦。之前我在六本木一家叫〇〇的墨西哥料理店用過餐。真的很好吃。店內的裝潢也十足墨西哥風，吃到一半還能聽到Mariachi（演奏墨西哥民俗音樂的樂團）的現場演奏……」

朋友們瞬間露出不悅的表情，口是心非地附和道「那不錯啊」。

接著其中一人說「那家店的事下次再說，現在得先決定要在這一帶（澀谷一帶）的哪家店用餐」，將軌道修正回原本的目的。

也許那位朋友自以為好心，但這會讓人覺得「他有必要說明嗎？」。

這個例子是因為很希望別人能滿足自己「想讓人覺得我經驗豐富」、「想讓人羨慕」的尊重需求，一直期盼這樣的機會到來，所以一提到關鍵字，便忘了談話的主旨，開始自顧自地說了起來。

人們要是對尊重需求沒有自覺，有時儘管自以為說明是出於好心，但其實只是為了滿足自己的需求。這麼一來，對方會誤會你是在炫耀知識，擺出高高在上的態度，所以要特別留意。

錯誤⑤ 搶別人話題

這是人稱「對話小偷」的行為。

對話小偷在對方說話握有主導權時，會將對方發言中的關鍵字或點子特別挑出來，講得就像是自己提出的話題般，是將別人的主導權搶過來的行為。

妳開始和朋友聊到昨天看電影的事。

「我昨天去看電影《Barbie 芭比》[4]。」

結果朋友馬上把妳的話蓋過去。

「我也看了！那部電影很有趣對吧。本以為會比較適合小孩子看，但看完後賜給了我勇氣——」

接著她不斷說電影多有趣，自己對哪個部分多感動。

妳心想「我都還沒開始說呢……」，覺得很悶。

這就是妳提出某個主題，卻被朋友搶走，改說起她自己的話來。

4. 二〇二三年上映的美國浪漫喜劇歌舞片，故事是以美泰兒玩具產品芭比娃娃為原型，並榮獲第81屆金球獎電影和票房成就與最佳原創歌曲獎，以及第96屆奧斯卡金像獎最佳原創歌曲獎。

其實妳想說的是，妳在看電影時，坐妳隔壁的一位大叔睡著了，一邊打呼，一邊頭往妳肩膀靠了過來，妳為此傷透腦筋。

但朋友沒聽妳說，憑她自己的猜測去解讀妳要說的主題，就此說起了她自己的想法。

「我也看了那部電影」，表現出自己有同樣的經驗，這沒有問題，但是像「我也想對此發表意見」、「我很想說，無法忍」、「如果是那個話題，我也能吸引大家的關注」這樣的尊重需求，如果無法好好壓抑的話，便會還沒好好聽對方說完，就表現出深感共鳴的模樣，搶走說話者的主題，自己一直說個不停。

許多人都像這位朋友一樣，對自己的尊重需求毫無自覺，沒發現自己已經成了對話小偷。

光是用「我也」一詞來向對方表示深感共鳴，便感到滿足。

最後，對方沒能說出自己想說的話，會就此懷著鬱悶的不滿，所以要特別注意。

而且，總是一直說自己的事，會被視為抱持以自我為中心的心態，沒接納對方，很難博得對方的好感。

像這種時候，只要說一句「我也看了。很有趣呢。妳覺得呢？」，與對方分享自己的經驗，把談話的接力棒交回對方手上，這樣就行了。

能管理好「尊重需求」的人，將會控制溝通

應該有人會發現，前面那五個錯誤例子，自己也曾經歷過其中某一項，或是對誰做過這樣的事。

在我們的課程中：

「我從沒想過時間分配的事。」

「雖然覺得擅自說明是好心，但也許對方覺得困擾。我誤會了。」

「我覺得自己深感共鳴，但後來才發現我是對話小偷。」

會像這樣，如同是用自己過去的經驗在對答案一樣，說出感想。

有人會說「對以前的我感到很慚愧」，在「無自覺」轉變為「有自覺」的瞬間，淚水奪眶而出；有人是在了解原因後，深切反省道「我原本也隱約覺得自己可能會討人厭，但現在很確定真的是討人厭。對過去和我來往的人們很抱歉」，也有人是大笑道「別人常對我這麼做，原來對方是這樣的想法啊」。

對自己的尊重需求有自覺，就能看出對方的尊重需求。

管理自己的尊重需求，這在溝通上扮演很重要的角色。

SECTION 2

將「以自我為中心的心態」轉變成「以對方為中心的心態」

已知要是無法管理自己的尊重需求，便會以自我為中心的心態與人溝通，最後會讓對方感到不對勁或是不悅，就此惹人厭。

那麼，如何才能將「以自我為中心的心態」改變成「以對方為中心的心態」呢？

首先要以自己為主軸，然後把尊重對方的價值、意見、情感的念頭擺在心上。

留意這種設定心態的「內心態度」，在對話時一再地想起要尊重對方，如此和人溝通，這就是「以對方為中心的心態」。

擁有「以對方為中心的心態」，是建立健全的人際關係以及有效的溝通所不可或缺的。

因此，你需要對「自己的尊重需求」有所自覺，加以管理，然後回應「對方的尊重需求」。

接下來會依序說明。

對「自己的尊重需求」有自覺

要怎麼做才會對自己的尊重需求有自覺呢？其實要發現自己的尊重需求並不簡單。它很難在自然的情況下察覺。

因此，與人溝通時，要時時用適合自己的做法來探尋心中的尊重需求。

從希望別人對你說的話來反向推算

思考自己在溝通時，為了滿足尊重需求，會想聽到怎樣的話呢？可以從中發現，你會希望別人對你說「不錯哦」、「真厲害」、「說對了」、「ＯＫ」、「謝謝」、「我懂」、「沒問題」、「我很喜歡」等等表示認同的話語，擁有這樣的尊重需求。

舉例來說，當你想跟人說「那個人看了就火大，你不覺得嗎？」，要先停下來，客觀省視自己的感受。

「為什麼我會想告訴對方這種事呢」，思考其原因。

「那個人看了就火大，你不覺得嗎？」、「我懂，真的很火大！」

「那個人看了就火大，你不覺得嗎？」、「沒錯，我也這麼覺得（你說對了）」

就像這樣，這種情況下往往會希望對方說「我懂」、「你說對了」對吧。

能從表示認同的話語中去發現。

試著改寫成「請託句」

從隱約有感覺的事物中去發現尊重需求的另一個方法，便是將現在想告訴對方的話，試著在心裡改寫成很客氣的「請託句」。

「如果你也覺得那個人看了就火大，我們就一起說他壞話吧？」

「那個人教我看了就火大，要是你也覺得火大，可以告訴我詳情嗎？」

「你肯聽我說那個人令我感到火大的原因嗎？」

「我對那個人的壞心眼做了一套很棒的分析，你有興趣的話，要不要我說給你聽？」

「我因為對那個人感到火大，所以想跟你發發牢騷，排解壓力，你肯聽我說嗎？」

如果能像這樣改成「請託句」，便能發現自己向對方尋求某種認同，想向對方傳達的事，便是自己的尊重需求。

等到你對自己的尊重需求有自覺後，或許就能發現像「我沒錯」、「我想藉由批評別人來肯定自己」、「我想藉由說壞話來引起別人的興趣」這些以自我為中心的心態。

如果能對自己的尊重需求理解到這個程度，就算是很大的進步了。這麼一來，你或許會產生「啊，我只是想發發牢騷而已。但還是別把別人扯進來吧」這樣的想法。

此外，如果你明白自己無論如何也想發牢騷時，不妨坦然向對方請託道「可以聽我發三分鐘的牢騷嗎？」。你會懂得一面考量對方的感受和狀況，一面展開溝通。

自我對話

在我們的課程中，我希望各位能實踐自我對話。這是藉由與自己對話，而深入挖掘自己在想什麼、有什麼感受的一種方法。

透過自我對話，針對自己的發言來詢問自己「我真的是這麼想嗎？」。如此一來，一開始原本心想「我當然是那麼想才會這樣說啊」，自信滿滿的你，會慢慢地改為「咦？也許我想的是不同的事」，而能客觀地看待自己。

「因為誰？」、「為了什麼目的？」、「想怎麼做？」、「現在嗎？」、「一定要嗎？」、「對方想嗎？」盡可能以簡短的問句問自己。

舉例來說，當你想說「你會不會覺得那個人看了就火大？」時，不妨試著想想吧。

「想說的原因是？」、「因為誰？」、「因為自己？」、「因為對方？」、「因為那個人？」在你這樣詢問自己的過程中，答案不就會慢慢浮現了嗎？

騰出自我分析的時間

有空閒時，或是就寢前，為了加深自我了解，不妨回顧自己經歷過的事，深入思考「覺得不對勁的對話」、「有疙瘩的對話」、「聽了覺得不舒服的話」。

一面冥想，一面展開自我對話，也不錯。

回顧覺得不太對勁的對話，對自己平時的口頭禪有所自覺，這也會成為了解自己的線索。

「和理想一樣」與「和想的一樣」不同——「和理想一樣」受眾人喜歡，「和想的一樣」，人們展開行動

首先，想「和理想一樣」受眾人喜歡，是很健全的想法。

這是理想中以受眾人喜歡的狀態當目標，自己為了這個目的而努力，以成為眾人喜歡的人當作追求目標。

也就是說，自己會不斷成長。

而和理想一樣受人喜歡，人們自發性地和你合作，為你展開行動的畫面，不正是人際關係一切順利的成功形象嗎？

然而，和你想的一樣，「人們展開行動」；與和你想的一樣，「操控人們」，兩者有決定性的差異。

因此，看你選的是哪一個，溝通的態度也會隨之改變。

如果是和你想的一樣，「人們展開行動」時，人們願不願意和你合作，要交由對方的自主性去決定。

另一方面，和你想的一樣，「操控人們」，這是想要控制他人的狀態。

如果抱持這種想法，最後會被眾人討厭。

H要離職，眾人為他辦一場歡送會。H的理想是大家紅著眼眶慰留他，依依不捨地替他送行。

但去赴會後發現，那只是打著歡送會的名義，現場感覺根本就跟普通的酒局沒兩樣，大家都很歡樂。

但H因為覺得和他理想中的情況不同而生氣，他想要「和理想一樣」，因而在得到他想要的回答之前，一再跟眾人說「你聽說我要離職，有什麼感想？」、「接下來真的沒問題嗎？」、「其實我要繼續留在公司也行……」、「還記得你高昇的時候嗎？我那時啊……」、「那項計畫沒做完，我很擔心……」。

為了想要別人能像自己想的那樣，說出那些話，出言誇獎自己，他不斷向人施壓。

最後甚至說「這場歡送會是怎麼安排的？」、「差不多也該聽聽每個人對我的離別贈言了」，開始主持起這場歡送會。

為了讓與理想有落差的現場能和自己想的一樣，而想要「操控」人們。這樣會討人厭，是再清楚不過的事了。

當明白這不是理想中的歡送會時，H要是能接受事實，打消要和理想一樣的念頭，想必就會有不同的結果。

由於他無法打消念頭，所以就算得操控對方，也想要變得和理想一樣。

管理「自己的尊重需求」

在STEP①中，我談到對自己的尊重需求產生自覺的方法。

因此，接下來會談到，對自己的尊重需求有自覺後，該如何與它共處。

溝通是一種請託

首先，當你對自己的尊重需求有自覺後，你不是想著要控制對方，而是要展開請託。

這時，要先在心中做好決定，就算請託的事遭到拒絕，也不會否定對方或是生對方氣。

就結果來說，溝通是一種「請託」。

你在與人溝通時，是請對方以某種形式來滿足你的尊重需求，或是想得到滿足。

受人喜歡的人，因為可以坦率地請託，所以才受人喜歡。

舉例來說，即使是「早安」這麼一句話，也可說是向對方提出「我希望和你保持好關係」的請託。

因為期待能藉由問候而對自己有助益，所以在說「早安」時，也要瞬間猜出對方的心情好壞，抓準問候的時機。

舉個例子，想向朋友借錢時，要以笑臉呈現出好印象，向對方問候一聲「早安」，以確認對方的狀況。因為要是彼此關係不好，就無法借到錢。

不過，不想還錢給朋友時，就連「早安」也不說，不與對方溝通，會避著對方對吧。

這是個極端的例子，問候或第一句話會帶有明確的意圖，透露你想展開怎樣的溝通。

因此，自己時時都在向對方提出某種請託，要有這樣的自覺。

這麼一來，自然就能以謙虛的態度面對對方。光是這樣，與對方的對應方式便會逐漸改變，而不會總是一味地說出自己的需求和欲望。

溝通是一種請託，而它未來的目標，是打造良好的人際關係，期待這能促成自己在社會上的成功。

不論是在工作上，還是在私生活上，都希望能建立互助的關係。

美國的心理學家亞伯拉罕．馬斯洛（Abraham Harold Maslow，一九〇八～一九七〇）提出知名的需求層次理論，從下而上分別是「生理的需要、安全的需要、社會的需要（愛與歸屬的需要）、受認可（尊重）的需要、自我成就的需要」，不過，在溝通下，建立良好人際關係的未來目的，應該是社會的需要（愛與歸屬的需要），以及位於它上方的受尊重的需要和自我成就的需要。

因此，首先為了滿足社會的需要（愛與歸屬的需要），人們會想藉由建立友情關係、家庭關係、戀愛關係等社會的聯繫，來得到幸福感。

這同時能減輕壓力，獲得精神上的支持。能請對方聽自己發牢騷、傾吐煩惱、借重對方的智慧。

給人好印象的問候，是良好溝通的出發點。

藉由刻意將問候看作「請託」，會就此尊重對方。

這句話的意思並非是要各位在與人溝通時，心中存有盤算。為了過更好的人生，一定得尊重溝通的對象。藉由這麼做，**最後自己也會得到尊重。**

自己與對方的需求各滿足一半

為了管理自己的尊重需求，必須了解溝通即是請託。

接下來要知道，在溝通方面，不是只滿足自己100％的需求，必須讓自己與對方的需求各滿足50％，擁有雙贏的感覺。

這也是尊重對方。

你也有自我主張的權利，所以可以拿出自信向對方請託。

而對方也有拒絕的權利，這點也請不要忘記。

因此，在前面提到的例子中，想要朋友替自己慶生的那場對話，不該是刻意安排讓對方照自己的意思說，而是必須安排出就算對方拒絕也無妨的狀況。

在問候時也一樣，要想著讓自己與對方的需求都能滿足一半。因為是想和對方溝通才主動問候，所以是自己挑選了這個人，向他「請託」，要有這樣的自覺。

如果對方顯得不悅，忽視你的存在，那只是表示當時對方沒選擇你。

因此，沒必要生對方氣，或是沮喪。

對方有不選擇你的權利，不妨加以尊重吧。

因為在溝通方面，也需要為對方保留選擇的權利。

而因為對方沒回應你的問候，便責備自己，更是沒有必要。

也許對方只是剛好心情不好，當時不想和人有任何交流。

也可能是在想事情，或是遇上麻煩事，沒多餘的心思。

這不是因為你的緣故，沒必要因此收起笑臉，不再愉悅地向對方問候。

如果不管對方再不高興，你都還是想和他打好關係，那不妨趁下一次機會，試著以笑臉問候，採這個方式接近對方。

如果覺得「啊，剛才是我的問候方式太差了」，只要加以改善就行了。多方嘗試吧。

思考對話的目的

管理自己的尊重需求，第三個方法便是思考對話的目的。

理解自己原本對話的目的是什麼，牢記勿忘。

舉例來說，原本的目的明明應該是想炒熱和對方的談話氣氛，但結果一直都在炫耀、賣弄才學，對方顯得興趣缺缺。

這就是「想讓人覺得我很有知識」的尊重需求，不小心表現在「說話方式」上的例子。

像這種時候，不妨想起對話的目的吧。

想起對話的目的，有助於你管理自己已經冒出的尊重需求。

要是忘了目的，有可能會讓對方的談話就此強制結束。

舉例來說，當對方跟你說「昨天我看了〇〇這部電影，它的舞臺設定和故事都很出色」時，你要是回一句「哦，這樣啊」，作出冷淡的反應，對話便會就此結束，因為這表示出「我不想聽你說」的想法。

如果這時候你很尊重對方的話，應該會想好好聽對方說吧。「咦，是怎樣的電影？」如果很感興趣地反問，對話就會持續下去，對方的尊重需求也就此獲得滿足，彼此能保有良好的關係。

如果對話的目的是「建立良好的人際關係」，不妨在聆聽對方說話這方面多投注心力吧。

光是對對方說的話感興趣，或是有共鳴，就算是一場很棒的溝通。

這時能派上用場的，是之後會提到的「附和的變化」。

在想要持續展開對話的人當中，有人誤以為只要能提供話題就行。這時候，還是試著想起對話的目的吧。

舉例來說，你因為約會而到動物園來看猴子，只聊到「有猴子耶」這件事，而對方也只回你「是啊」，對話就這樣結束。

你拋來「有猴子耶」這項事實，接收的一方為了展開愉悅的對話，要根據這個事實去擴充彼此的對話，負擔會相當重，它所帶來的結果，會與建立良好關係的目的背道而馳。

儘管是這樣的對話，但要是彼此都不在意的話就好了。不過，還是快想起對話的目的吧。

如果目的是聊得愉快且熱絡，可加上自己的感想，例如「有猴子耶。牠表情真豐富，好可愛」，便很有可能展開快樂的對話。

而無關乎目的，就只是因為「自己想談的話題」，便很起勁地說個不停的人，請刻意多留意現場的狀況。

當你快要很起勁地聊起自己熱中的領域時，請留意讓自己能作出冷靜的判斷，看現在是對方會愉悅聆聽的狀況，或是根本不想聽。

舉例來說，如果是一遇上推理小說便會很起勁地聊個不停的人，就必須觀察對方的模樣，看是不是此刻每個人都具備推理小說的相關知識、對推理小說是否感興趣、會不會現在大家是想藉由其他話題來炒熱氣氛。

你只能多加留意，對於自己容易失控的話題究竟是什麼，要有自覺。

藉由尊重對方，留意對話的目的，有助於你管理自己的尊重需求。

回應「對方的尊重需求」

在SECTION1中提到，自己的尊重需求有各種需求，當中較具代表性的尊重需求列舉如下。

●希望別人尊敬我
●希望討人喜歡
●希望別人覺得我聰明
●希望別人覺得我有才能
●希望別人覺得我有趣
●希望受人信賴
●希望被理解
●希望別人覺得我有工作能力
●希望別人覺得我是好人
●希望別人覺得我誠實
●希望別人支持我
●希望別人覺得我眼光好
●希望別人覺得我是個貼心的人
●希望別人覺得我是個大器的人

● 希望別人覺得我溫柔
● 希望能以自我為中心
● 希望別人覺得我有價值

對方的尊重需求也一樣。

換句話說，對方也能獲得和你一樣的尊重需求。就在心裡記住這點，繼續看下去吧。

不被偏見拘束的秘訣

對方也能得到和你一樣的尊重需求，但不知道對方現在擁有怎樣的尊重需求，不能擅自認定和自己一樣。

人們總希望對方也和自己一樣，但哪種需求較強，因人而異，而且也會隨著情況而改變。

因此，在展開對話時，得留意要移除對對方的偏見。

因為有人對你說「我招待你參加派對，請務必前來」，你回對方「真開心，謝謝你」，滿心以為是免費招待，結果去了之後才知道要收費，對方所說的「招待」，指的便是找你參加派對。這種情形便是偏見。

人們有多常在偏見下展開對話，在此舉幾個常見的例子。

假設與你對話的人說「我下個禮拜就要結婚了」。

對此，大部分人都會反射性地說一句「恭喜啊！」。這可說是在認為結婚是喜事的偏見下做出的發言。

對方往往也都認為「我也猜他會這麼說」，所以彼此很少會陷入尷尬的氣氛，但其實對方也可能心裡想「你根本不懂我真正的心情」或是「其實我不想結婚……」。

如果感覺到對方喜上眉梢的模樣時，可以祝福「恭喜」，但並非都是這種情形。

最近我有位後輩很不滿地跟我說一件事。他有位朋友為了聚餐而選了一家時尚的法國餐廳，所以我這位後輩為了表達感謝之意，對他說「謝謝你選了這麼棒的一家店」，結果那位朋友竟然對他說：

「你就適合到這種程度的店。」

對方認定他沒去過像樣的法國餐廳。

「虧我當他是朋友，他卻一直瞧不起我，當我是沒去過高級餐廳的『土包子』，我難過死了」，這位後輩開始懷疑他們過去的一切關係。我心想，原來人際關係也會因為這樣的偏見而受傷，因而再次深深覺得，我今後也得多注意自己對人的偏見才行。

那麼，對於剛才「我下個禮拜就要結婚了」這句話，如果要不帶偏見地回應，該怎麼說呢？

在此舉個例子，先說一句「咦！就快了呢。你現在是什麼心情？」，詢問對方的狀況，如果對方回答「感覺很幸福」，這才建議你說「恭喜」。

要是對方回答「感覺很不安」，就深感共鳴地回一句「是啊。因為生活環境也會跟著改變」，這樣應該會以對方為中心展開對話。

在對話中，不被偏見拘束的秘訣，就是仔細觀察對方的情況，暫時先接受對方說的話。

接著表現出你只對他陳述的事實有所理解。

不能靠臆測來代為說明對方的心情。

不自己去臆測，最好向對方詢問確認。

不妨問一句「你現在情況怎樣？」或「你現在什麼心情？」。

等對話展開後，就告訴自己「暫時先只接受事實吧」，平時就要養成這樣的習慣。

「想要別人了解我」的需求

我前面提到，為了回應對方的尊重需求，要暫時接受對方說的事實。不過，就算接受了，有時光只有事實，還是無法理解對方的尊重需求。

其實，就連對方也無法客觀看待他自己的心情，不了解自己，這種情況相當多。對方希望你了解的，是「想要別人了解我的需求」，不妨想到這個可能性。

「想要別人了解我的需求」，或許不太好懂。

就連當事人自己都無法明確了解的需求，聆聽者要加以理解，實屬困難。

因此，聆聽者能做的，就是「展現出努力想理解對方的態度」。

有一對夫妻。

妻子是家庭主婦，平時都是妻子負責做菜，但這天她從超市買了現成菜回來。

丈夫回家後問「啊，今天是在超市買的現成菜啊？」，妻子說「今天因為事情多，比較忙」。

丈夫心裡想，如果是吃現成菜，我寧可自己下廚。這時，如果是個性寬容的丈夫，或許會以一句「啊，這樣啊。沒關係」收尾，但可能有的丈夫會發牢騷道「不，這和晚餐沒關係吧」。

但這時候還是暫時先接受事實吧。妻子說的話聽起來或許很像隨口說的藉口，但這時候需要先對妻子產生共鳴。

換句話說，要先說一句「原來是這樣啊。真是辛苦妳了」，與她有共鳴，接著再詢問「發生什麼事了？」，表現出理解的態度。

之後再補上一句「像這種時候，妳要是打通電話給我，我可以做菜，下次打電話給我吧」。

這時候的重點，是先有共鳴，再說出自己的意見。

暫時先接受對方後，再提出自我主張。

如果不提出自我主張，焦躁感會一再累積，恐怕會在意想不到的時候，以別的話語傷害對方。

「那時候我不是都默默聽你說嗎！」就像這樣。

而妻子也是，如果丈夫一直都默不作聲，或許她會心想「太好了，我只要隨便找個藉口搪塞就行了」，而漸漸瞧不起丈夫。

所以重要的是要留意尊重彼此，回應對方的尊重需求。

如果想要討人喜歡，要先成為「回應尊重需求的一方」

為了回應對方的尊重需求，不被偏見拘束，暫時先只接受事實後，要對對方「希望別人了解我」的需求產生共鳴，這點很重要。

而在表示有共鳴後，藉由傳達自己的意見，能夠相互理解。如果能像這樣回應對方的尊重需求，應該就能討對方喜歡。

如果想以更進一步的溝通為目標，也必須回應對方希望別人了解其「情感」的這種需求。

為了了解對方的「情感」，有必要看出「共鳴」和「同感」的差異。

「共鳴」與「同感」不同

我們對於對方說的話，往往會馬上回一句「我也這麼認為」。也有人會對感情好的朋友這樣說，就像在附和一樣。

它帶有「我也有同樣的意見和情感」的意思，這是「同感」。

但這種「同感」有時暗藏危險。

因為在抱持不同意見和情感時，往往也會這樣使用。

明明心裡不是這麼想，但還是忍不住說「我也這麼想」，你是不是也會這樣？

如此一來，對方會覺得「這個人和我有同樣的感覺、同樣的想法」，而相信了你說的話。

如果你是為對方著想，或是因為「對方好像希望我這樣說」，而說出這句話，你心裡也許暗藏著「我不希望他討厭我，所以姑且說一句『我也這麼認為』吧」這樣的心態。

也就是說，這也是以自我為中心的心態。

此外，表示自己有同感，有時其實是在揣測對方的心思。

例如「如果不配合他，感覺過意不去」、「因為不希望被他討厭，所以還是別說出我自己的意見吧」，有時也會心想「這對我有利，我就贊同吧」。

同感顯得過度，或者自己的意見和情感其實與對方不同時，用語應該謹慎。

俗話說一樣米養百樣人，所以感受和想法都不盡相同。

不過，如果對同樣的團體有一分歸屬感，雖然心裡不是這麼想，但只要表示同意，應該就不會有事。

所謂的同感，是表示有同樣的感受或想法，所以要是隨便表示出有同感，對方有時也會對有同感的人產生依賴。

因此，日後如果不是都表現出同樣的感受或想法，人際關係就會瞬間惡化。

說「我絕對不可能減肥」，與妳有同感的朋友，要是變得苗條出現在妳面前，妳或許會覺得「她不是和我有同感嗎？」、「我被背叛了」、「她騙了我」。

換句話說，在滿是同感的關係下，建立不了真正的信賴關係。

另一方面，共鳴是表示「你和我雖然意見不同，但我理解你的感受和想法。我尊重你的感受和想法」的意思。

換句話說，如果是共鳴的關係，就能互相尊重，所以之後就算意見不合，也不容易影響信賴關係。

總結來說，同感表示的是「你和我的感受和想法一樣」，相對於此，共鳴是「你和我的感受和想法雖然不同，但我了解你的感受和想法，予以尊重」。

舉例來說，你的上司將某個員工叫到辦公桌前，加以訓斥。你的同事看了之後說道「他那種罵人的樣子，看了就火大」。這時，如果你說「我懂，真的會很火大」，這就是同感。但你如果問對方「你有這種感覺啊。你對那種罵人的樣子感到生氣嗎？」，表示你的意見可能不同，但你試著貼近同事的感受，所以這是共鳴。

以共鳴來滿足尊重需求

之前介紹的尊重需求，不光是你，對方也有。

因此，你要對自己的尊重需求有所自覺，加以管理。

然後成為滿足對方尊重需求的一方。

以語言表現和非語言表現來回應「對方的尊重需求」。

在第二章會學習以語言表現來回應「對方的尊重需求」的方法，在第三章則是學習以非語言表現來回應「對方的尊重需求」的方法。

第二章

用「話語」來表現心態的說話技巧

在第一章中，作為整頓說話方式「心態」的原因，我們明白如果用「以自我為中心的心態」說話，會被對方討厭。

而為了將「以自我為中心的心態」改變為「以對方為中心的心態」，我們對「自己的尊重需求」有所自覺，並加以管理，針對回應「對方的尊重需求」的方法展開學習。

而在第二章，我們會學習以「話語」來表現心態的說話方式，並談到掌握「對方的尊重需求」的方法，以及用「語言表現」來回應「對方的尊重需求」的方法。

SECTION 1

以「語言表現」來回應「對方的尊重需求」

在第一章，大家都對「以自我為中心的心態」有所自覺，並學習尊重自己，將心態轉變為「以對方為中心的心態」。

這是用來讓自己能和理想中一樣討人喜歡的心態設定。

為了能和理想中一樣討人喜歡，和自己想的一樣讓人和你合作，有個有效的方法，你學會了嗎？

那就是因應「對方的尊重需求」。

這是我推薦各位的有效心態管理。

是擁有「自我主軸」的狀態，能展開給人好印象的溝通。

當你已擁有「自我主軸」時，接下來就必須以「語言表現」或「非語言表現」來呈現。

因此，各位就分別在第二章和第三章，學習以「語言表現」來回應「對方的尊重需求」的方法，以及以「非語言表現」來回應「對方的尊重需求」的方法吧。

在第二章會介紹以「語言表現」來回應「對方的尊重需求」的方法。其程序分成兩階段。

- 首先要從對方的「話語」來掌握「對方的尊重需求」。
- 接著以「話語」來回應你所掌握的「對方的尊重需求」。

來看詳細情形吧。

①從「話語」來掌握「對方的尊重需求」

在說明從話語來掌握對方的尊重需求這項方法前，我們先來確認為什麼有必要掌握對方的尊重需求吧。

本書的目的，是透過說話技巧來討人喜歡。

為了達成這個目的，必須了解我們在對話時，自己和對方的需求未必相同。

不能自以為對方的需求和自己一樣。

舉個簡單的例子來說，覺得「我認為有趣的話題，對方應該也會感到有趣」。

不管你再怎麼喜歡「釣魚」，覺得這個話題有趣，但只要對方不感興趣，釣魚的話題也許就會變成強迫接受。

對方明明不感興趣，但要是繼續談下去，恐怕會變成對話搶劫。
因此，首先得掌握好「對方的需求」是什麼。
其中一項就是從話語去掌握的方法。

那麼，要從「話語」去掌握「對方的尊重需求」，該怎麼做才好呢？

那就是簡單地「詢問」。

- 對方現在想說什麼？
- 對方對什麼感興趣？
- 對方現在是什麼心情？

總之，就向對方詢問吧。
從中掌握對方的尊重需求吧。

不過，如果只是隨便聽聽，一樣無法了解對方的尊重需求。

但要是窮追猛問，感覺像在審問，會造成反效果，把氣氛搞僵。

這時候最重要的不是審問，而是展現有共鳴的態度，仔細聆聽。

留意以正向積極的態度接受對方，積極聆聽。

那麼，審問和共鳴又有哪裡不同呢？

審問問的是事實，共鳴問的是對方的心情。

舉例來說，在明白對方是一位喜歡潛水的人之後，就詢問潛水相關的事吧。

這時候必須注意，如果你只想詢問事實的話，就會變成像下面這樣。

- 你花多久的時間取得執照？
- 裝備是租的嗎？

● 你背後背的是什麼？
● 要請教練指導得花多少錢？
● 到沖繩的旅費大約是多少？

這種聊不起來的例子很常見。

像這種時候，不妨問問「對方的感受」、「經驗」、「想法」、「期望」。

● 你為什麼會深受潛水吸引？
● 潛在海裡時，是怎樣的感覺？
● 近距離看魚兒們在水裡游，是什麼感覺？
● 可以教我享受潛水的要訣嗎？
● 為潛水著迷的最重要因素是什麼？

人們能理解彼此的情感（心情）時，就會產生「共鳴」，與對方無話不談。

這就是「談得熱絡」的狀態。

人是希望別人能了解「自己心情」的生物。

對方詢問自己的感受，理解自己的感受。

這時候就會覺得對方認同了自己。

因此，在「詢問」時，不妨將焦點放在對方的感受上。

常有人覺得，兩人獨處時要是找不到話題，對話就此中斷，氣氛會變得很僵，很怕這種情形發生。

像這種時候，之所以對話沒能持續，是因為「要持續對話」成了目的。

不過，如果目的是擺在要了解對方的體驗、知識，及其背後的「感受」，自然就會浮現出想問的事，也能對對方的答案產生共鳴，所以對話會就此變得熱絡。

另一方面，儘管想辦法讓對話持續，不致中斷，但總還是覺得很生硬時，往往是因為彼此都展開只想問出「事實」的對話。

如果展開想得到共鳴的對話，就會在事實之外再加上感受和想法，對話會因此變得熱絡。

因此，當你覺得「啊，對話變得很僵硬」、「這場對話維持得很勉強」時，**請將焦點放在理解對方的感受上，以產生共鳴。**

對對方感興趣，產生共鳴，聆聽對方怎麼說，會慢慢看出對方的尊重需求。

②以「話語」來回應「對方的尊重需求」

像這樣從話語中去掌握「對方的尊重需求」後，接下來該怎麼做？

你掌握到「對方的尊重需求」後，請用「話語」來滿足它。

要是從對方說的話當中，看出對方想聊潛水的話題，就以「話語」來回應對方想聊潛水的需求吧。

那麼，要以「話語」來回應「對方的尊重需求」，具體該怎麼做才好？

這方法就是「附和」。

令對話結束的回答，與促成對話的回答

所謂的「附和」，是在對方說話時，不時穿插：

- 是
- 對
- 嗯
- 然後呢？
- 這樣啊？
- 原來如此

以此催對方接著往下說。

基本上，人是希望別人聽自己說的生物。

當對方聊到他自己想說的事情時，若能在一旁附和，便會向對方傳達出「你說的這件事我想多聽一點」的想法。

因此，附和是討人喜歡的對話需掌握的基礎。

如果表現出「我對你感興趣」的意思，對方也會覺得開心，而容易談得熱絡。

附和能營造出讓對方容易開口說的氣氛，能讓對話順利進行，你的想法也能包含在內一併傳達。

這是只要學會，就馬上能用的萬能工具。

想要加深人際關係，需要「附和的變化」

不過，要是都用同樣的附和方式，會顯得太單調。

事實上，不管對方說什麼，要是你都只會用同樣的附和方式說「好厲害、好厲害」或是「原來如此、原來如此」，對方聽了會感到不安。

「他真有在聽我說嗎？」

「這個人是不是對我說的話不感興趣？」

就像這樣，附和的變化如果過少，與我方是什麼想法無關，對方將就此失去繼續說下去的動力。

那是因為你想以輕鬆附和來應付過去的想法，顯現在態度上，對方感覺出自己不受重視，你對他說的話不感興趣。

反過來說，如果能採取變化多樣的附和，適度地提問，對方就會覺得「他很認真聽我說」、「他對我說的話感興趣」，而抱持好感。

附和也有幾種不同的種類。

增加附和的語彙和變化，對話自然就會變得熱絡起來。

為了這個目的，希望各位能利用本書，從附和的變化開始學習。

SECTION 2

STEP①「對方的尊重需求」，從「話語」加以掌握＝聆聽

表現出尊重需求的關鍵字

要以話語來回應對方的尊重需求，必須先從話語掌握對方的尊重需求後，再以話語來回應，採取這樣的兩階段。

我們就針對這兩階段來學習更具體的方法吧。

要從話語來掌握對方的尊重需求，具體來說，要如何聆聽對方說的話呢？為此，我們要注意三種關鍵字。

那是用來表現尊重需求的「重複關鍵字」、「插入關鍵字」，以及「特

別感關鍵字」。

我們就分別針對這三者來細看吧。

表現出尊重需求的「重複關鍵字」

所謂的「重複關鍵字」，是在對話或演說時，出現兩次以上的重要關鍵字。重複關鍵字是這三種關鍵字當中，最容易看出的關鍵字。

例如我的朋友說「我父母一直要人考汽車駕照，煩死了」，所以我問他「他們叫你去考嗎？」，結果他回答「也沒有」。

聽說他父母並沒說「你去考駕照」，而是在對話過程中常說「要是有駕照就好了」或是「那裡有一家汽車駕照中心對吧」，頻頻出現「駕照」這個關鍵字。

於是他心想「他們是想叫我考駕照吧」。

像這種情況，「駕照」這個關鍵字的背後暗藏著「希望你取得駕照的原因」。如果有共鳴，同時想知道其原因，就能看出尊重需求。

此外，女生聚在一起聊天時，不管聊到什麼話題，要是有哪位女生說到「如果是我男朋友，不知道會怎麼說」或是「可是，不知道他會怎麼想」，「男朋友」成了「重複關鍵字」時，她一定是很想跟大家談她男朋友的事。

如果聊到「妳去過日本環球影城[5]嗎？」這個話題，她便會說「啊，我男朋友一直說很想去」，不管怎樣，「男朋友」都會出現在對話中。

像這種時候，要是有人問她「對了，妳男朋友是怎樣的人啊？」或是「妳和男朋友處得好嗎？」，對方便會像潰堤般，開始說個不停。

就像這樣，從重複關鍵字來掌握對方的尊重需求，比較容易。

表現出尊重需求的「插入關鍵字」

第二個比較容易掌握對方尊重需求的，是「插入關鍵字」。

這與對話的走向無關，只要有突然插進談話中的關鍵字，就表示對方的尊重需求表現在這個關鍵字中。

舉個例子，你和朋友聚在一起，聊到最近讀過那些榮獲芥川賞[6]或直木賞[7]的小說有什麼感想，聊得正熱絡時，突然有人冒出一句「對了，我之前去法國的時候啊……」，塞進一個奇怪的話題。

像這種時候，就表現出此人的尊重需求，想讓大家知道他去過法國的事。

此外，在媽媽們的午餐聚會上，很想提到自己的丈夫是知名大學畢業，或是孩子考上知名大學時，會在話說到一半時，突然插進知名大學的話題。

5. 位於日本大阪市，是世界五個環球影城主題公園之一。

6. 正式名稱為「芥川龍之介賞」，為紀念日本大正時代的作家芥川龍之介（一八九二～一九二七）所設立的文學獎，最初由文藝春秋主辦，現今的主辦單位已改為日本文學振興會。

7. 正式名稱為「直木三十五賞」，由文藝春秋的創辦人菊池寬為紀念友人直木三十五（一八九一～一九三四），於一九三五年與「芥川賞」同時設立的獎項，每年頒發兩次。直木賞以已出版作品的通俗文學為對象，芥川賞則以純文學的新人作家為對象。

不管原本是在聊「那麼，下個月我們大家一起去那間美術館吧。好像正舉辦莫內[8]展呢」，或是在聊「下個月是大學的校慶對吧。〇〇大學他們啊……」、「爺爺奶奶來參加學校的活動是很高興，不過，要接待他們可不輕鬆啊……」，卻有人硬是插話，炫耀起學歷，這是常有的例子。

像這種例子，大多是自己或親人當中有人考上知名大學或是從那裡畢業，而對不是知名大學畢業的人，或是孩子想考知名大學的人，展現居高臨下的態度，想沉浸在這種優越感中。

除了炫耀學歷外，「炫耀成功」、「炫耀能力」、資產、財產、高級品的「物質炫耀」、炫耀自己認識有影響力的人或是名人的「關係炫耀」、「親人炫耀」，以及有過特別的體驗或冒險的「體驗炫耀」等，覺得驕傲時，就會表現出尊重需求，所以算是簡單易懂的例子。這應該是大家都曾經察覺過的尊重需求吧？

這種插入關鍵字的尊重需求表現方式很強烈，建議要從中看出是否真的有需要繼續聽下去，不想和對方混熟時，要留意採取適當的對應方式。

表現出尊重需求的「特別感關鍵字」

第三個是「特別感關鍵字」。

表示對對方有特別的信賴，能滿足對方尊重需求的話語。

所謂的特別感關鍵字，是像「這件事我只跟你說」或「我只在這裡說」這樣，是用來強調接下來要說的內容有多特別，而使用像「只有〇〇」，或是「其實是這樣的」、「因為你比較特別」、「我沒跟任何人說」這種強調特別感的關鍵字。

聽別人說這樣的話，會心想「他特別重視我」、「他對我特別信任」，而有種受尊重的感覺，而覺得開心，但有時這種話並無多深的含意。

8. Oscar-Claude Monet，一八四〇～一九二六，法國畫家，印象派代表人物及創始人之一，『印象』一詞即是源自其名作《印象·日出》。

就算聽的一方有特別的感覺，但說的一方並不見得是在多深的含意下說出這種特別感關鍵字。

也有可能是因為過去用這個關鍵字，而讓人認真地聆聽，嘗過甜頭，所以之後都隨便濫用。

很常見的情況是，因為對方使用「我只跟你說哦」這個特別感關鍵字對你說了些話，你很開心，替他嚴守秘密，但其實這件事周遭人都知道，還有因為對方用了「這件事我只能跟你說」這個特別感關鍵字，你覺得自己深受信任，為了回應對方這份心，你也說出「自己隱藏的秘密」，結果就此在朋友間傳開來，你深感後悔，所以對此不得不防。

對說話者來說，有時這種感覺就像是「起頭用語」。

「特別感關鍵字」是讓對方覺得你認同他，同時也希望對方認同自己，帶有這樣一分期待的關鍵字。

在開始說之前，先裝模作樣地說一句「嗯～」、「我還是別說好了」，也是同樣的手法。

這個特別感關鍵字，會因為對方表現出苦惱的樣子，而讓人湧現一股想替他加油的心情，甚至還會感謝他最後決定說出的這分勇氣。

由於聽的一方好奇心受到刺激，充滿期待，而開口說「說給我聽嘛」、「到底是怎麼一回事？」、「我不會跟任何人說的」，滿心雀躍，因此說的一方會產生優越感，尊重需求容易獲得滿足，就此變成習慣，這種情況相當多，要多留意。

此外，有時對方會說「這件事是我們兩人共有的秘密」，想讓你變成像共犯一樣。像這種時候，很可能背後有什麼暗藏的意圖，必須從說話的走向和內容去判斷。

因此，當對方使用特別感關鍵字時，儘管乍聽之下像是在迎合你的尊重需求，但其實當中暗藏著對方的尊重需求，最好先牢記這點。

這個特別感關鍵字，使用的一方要是不多留意，會失去信賴。一旦別人知道你只是嘴巴上說「因為對象是你，我才說的」、「這事我只在這裡說」，但其實到處跟別人說，你便會瞬間失去別人的信賴。

這對了解對方的尊重需求很有效，但如果是自己使用時，除非是真的很特別的情況，不然都需要注意。

SECTION 3

STEP②「對方的尊重需求」，以「話語」來回應＝附和

關於從話語來掌握對方尊重需求的方法，前面談到了三種關鍵字。

而掌握了對方的尊重需求後，要如何以話語來回應，接下來我們就針對其方法，來具體地看幾個例子吧。

以「話語」的變化來炒熱對話

為了在談話上討對方喜歡，話語的變化愈多愈有利。

尤其是在以對方為主的對話中，附和的變化多元更是重要。

因為藉由表達的豐富性，能表現出自己因對方說的話而有各種反應。

如果附和太過單調，說話者會覺得自己不被接受。

如果不管說什麼，得到的回應都只是「好厲害！」、「這樣啊」，或是「嗯」，對方漸漸會覺得「他有認真在聽我說嗎」或是「他對我說的話不感興趣嗎」。

附和是用來向對方表示對他說的話感興趣、接受他說的話，並能理解，是一種重要的手段。

如果沒附和，對方會有不安或疏離感，而誤以為你不想聽他說、忽視他，這成為對話不順利的原因。

舉例來說，妻子對專注在看棒球轉播的丈夫說今天發生的事，但丈夫都只回答「嗯、嗯」，顯然是懶得聽妻子說。

而實際上，當附和過於單調時，這不是認真聽對方說話的態度，有可能是注意力被其他事吸引，沒專心聽。這往往是心裡想著「如果可以，希望他別再說了」，而將思考的能量切換成節省模式，只回答「嗯」。

反過來說，儘管真的是很認真在聆聽，但因為附和的變化太少，可能會被對方誤以為沒認真聆聽，有這樣的風險。

雖然沒附和，但也不能就這樣斷言對方「沒在聽」、「沒有聽的意願」、「不想聽」。

因為在日本幾乎沒機會學習附和相關的教育，所以很多人一直都是在沒學過附和的重要性和種類的情況下，就此與人對話，所以他們可能只是不具備這方面的技巧。

因此，希望各位能增加附和的變化。

有變化性的附和，就像在告訴對方「我對你說的話很感興趣，請接著往下說」，有促使對方說話的效果。

另一方面，單調的附和就像在說「這件事說得夠多了，請結束這個話題吧」。剛才那位專注地看棒球轉播的丈夫，對妻子說的話只回「嗯」，便是很好的例子。

如果這位丈夫想對妻子的話有共鳴的話，就應該暫時先關掉電視，展開富於變化的附和，認真聆聽。

如果真的很想看棒球轉播，還不如直接告訴妻子「抱歉，待會我再聽妳說，可以先讓我看棒球轉播嗎」。

「哦，我很想聽妳說那件事，所以等我看完棒球轉播後再說給我聽！」，這樣說也行。

不過，要是妻子覺得熱中看棒球轉播實在無聊至極，或許會嘔氣說「算了，不講了！」，但這樣至少能避免夫妻大吵一架，被關掉電視。

心不在焉地聽對方說，或是邊做事邊聽，這馬上會顯現在附和方式上，對方立刻就會感覺出「他沒接受我」，所以要特別注意。

①單純附和——「嗯」、「是啊」、「咦」、「真的嗎？」

了解附和需要變化的理由後，在此介紹實際該使用怎樣的附和才好。

附和就像161頁圖表2一樣，可以分類成「單純附和」、「複誦附和」、「推進附和」、「共鳴附和」、「摘要附和」。

先從「單純附和」開始解說。

單純附和是傳達**「你說的話，我全部接受哦」**這種想法的附和。

這是以簡短的回應來讓對方知道「我對你說的話很感興趣，請放心接著往下說」，扮演了促使對方說話的角色。

單純附和並非單純的「回覆」。

它始終都是在促使對方繼續說。

不過，如果每次都只應一聲「嗯」，很敷衍地附和，對方會覺得你對他說的話不感興趣，所以雖說這是單純附和，但還是需要變化。

例如「嗯（嗯、嗯）」、「是（是、是）」、「對（對、對）」、「啊～」、「咦」、「沒錯（你說得沒錯）」、「真的？（真的假的？）」、「我懂（我明白）」、「就是啊（就是說啊）」、「哦～（原來如此）」、「確實（的確）」。

光是多方使用這些單純附和，附和就會產生變化，所以對話會加上節奏，附和的技術就此升級。

過去只會用「太猛了」的人，如果懂得多方使用這些單純附和，就能給對方更知性的印象。

只要留意讓單純附和多點變化，就算做出與對方說的話有點不搭的附和，也不會有太大影響。

如果表現出很努力想聆聽對方說話的態度，總不會失禮吧。因此，要留

圖表2　附和的變化

單純附和	「嗯」、「是」、「對」、「沒錯」、「原來如此」、「咦」、「哦～」、「確實」	以簡短的回應，來表示對對方的發言感興趣，促使對方接著往下說，扮演這種角色。
複誦附和	○○是吧／是○○嗎？／原來是○○啊／對、對，是○○／啊，○○／○○啊／○○？／	藉由重複說部分的話語，來表示自己深切了解對方的發言內容，一邊確認談話的內容，一邊強化彼此的對話，扮演這種角色。
推進附和	然後呢？／接下來呢？／請接著說／請再多告訴我一點／請多說點給我聽／接下來發生什麼事了？	促使對方繼續往下說，為了幫助對話的展開，能表現出很積極的興趣，促成相互作用，扮演這種角色。
共鳴附和	這是○○的狀況對吧／這樣啊，這種（情感）我了解／原來是這種狀況啊。會有這種感受我明白	表示自己認真聽對方說話，接受對方說的話，並對其意見和情感產生共鳴，能建立人際關係，產生信賴感和親密度，扮演這種角色。
摘要附和	換句話說，是○○的意思嘍？／總結來說，是指○○嗎？／所以是○○嘍／也就是說，可以理解成是○○對吧	為了確認自己是否正確了解對方說的話，如果有誤會，有機會訂正，能加深相互理解，扮演這種角色。

意展現積極附和的態度。

目的是促使對方接著往下說，如果能巧妙使用單純附和，對方會覺得你很專心聆聽。

單純附和如果能多方使用變化，會非常有效，所以希望自己是能擅於聆聽、討人喜歡的人，最好一開始能投入這項附和。

話雖如此，一下子就要使用所有附和方式會有困難，所以建議要慢慢增加單純附和的使用，例如一天增加一個。

②複誦附和——「〇〇？」、「〇〇是吧」、「是〇〇嗎？」、「對、對，是〇〇」

接著來解說「複誦附和」。

複誦附和是藉由重複說對方發言的部分話語，來表示確認**「我聽到的沒**

錯」，以及自己很仔細聆聽。

例如「○○是吧」、「是○○嗎？」、「原來是○○啊」、「對、對，是○○」、「啊，○○」、「○○啊」、「○○？」等，○○是對方發言的一部分。

就像「昨天我吃了拉麵」、「拉麵是吧」；「後來我去臺灣吃拉麵」、「臺灣？」；「我一次吃了四碗」、「吃了四碗？」；「我喜歡拉麵裡加白飯一起吃」、「拉麵裡加白飯啊」。

複誦附和的主要目的，是向對方展現出「我很認真聽你說，請繼續說下去」的態度，促使對方接著往下說。但這不光是在強調態度，實際上也能確認有沒有聽錯對方說的話。

如果是照說同樣的話，含意很廣泛，有時目的可能不是為了讓對話變得活絡，必須注意。

若單純只是照說同樣的話，有可能會讓人強烈覺得你的意思是「聽不到」、「不懂意思」、「你講話不清楚，聽不懂」。

此外，要是一再反覆使用，感覺很煩人，就像是瞧不起對方似的，也可能會讓對方感到不耐煩，所以就以享受對話的態度來附和吧。

另一方面，複誦附和是藉由複誦的部分，來表示自己的注意力是擺在哪方面上，因此要是沒準確掌握對方發言的用意，會讓對方覺得不太對勁。

「我有一座島，正為了繼承的事傷腦筋……」對為此感到苦惱的朋友，如果你複誦的不是「為繼承的事傷腦筋」，而是「有一座島？」時，對方會覺得他沒明確傳達說話的用意，應該會補上一句「對，我有一座島。所以才想為了繼承的事聽聽你的意見」，修正原本的軌道吧。

複誦附和在說話用意的修正上，也扮演了重要的角色。

不過，就像這個例子一樣，比起對方的「煩惱」，你對對方的「持有物」更感興趣，這清楚表現在你的複誦附和中，你心裡是什麼想法，會引人質疑。

複誦與對方想說的主題有關的話，應該能適當地促使對方接著往下說。

此外，開車外出的妻子打電話給人在家中的丈夫，對他說「不好了，我撞車了！」時，要是丈夫複誦「車子還好吧？」，可能就會表現出比起妻子，他更擔心愛車，所以這時候比起複誦，更應該體貼對方，問一句「沒受傷吧？」。這點也要注意。

就像這樣，在使用複誦附和時，如果搞錯目的，會讓對方覺得不對勁，請特別小心。

重要的是，要注意對方說話的重點是什麼，以此展開附和。

③推進附和——「然後呢？」、「接下來呢？」、「請接著說」

「推進附和」是**催促對方接著說的附和**。

因此，如果使用推進附和，對方就會想要再繼續說下去，談更多話題。

常用的是像「請再多告訴我一點」、「請再說詳細一點」、「是，請接著說」，諸如此類。

也有其他運用方式，例如「後來怎樣？」、「接著發生什麼事呢？」、「最後變成怎樣？」。

其他的附和，基本上也是扮演了促成對方接著往下說的角色，不過推進附和在這方面特別強烈。

而且它不光只是促成對方接著往下說，也能促使對方讓談話內容加深或加廣，所以是很容易炒熱談話氣氛的附和。

不過，推進附和也有它要注意的地方。

要是一直接連使用這種附和方式，會變成像是「然後呢？然後呢？」，一直催對方往下說。

因此，請穿插在其他附和方式中間使用。

此外，要是在對方談話的每個停頓處都附和的話，會覺得有點煩人，這可以說是各種附和都會面對的情況。有時還可能會因此而打斷對方的談話。

還有，有些人在說話時，會停頓較久的時間仔細思考，所以面對這樣的人，刻意不附和，靜靜等候對方，有時反而會比較好。

因此，在附和時，還是先仔細觀察對方的談話步調和停頓方式吧。

視情況而定，有時光是用非語言表現，不發一語地點頭，就會給人好感。

尤其是聽的人不只一位時，要是大家都出聲附和，會感覺很吵，所以像這種情況，只要在心中浮現話語，點頭不語，這樣就行了。

像這種掌握對方模樣的小細節，如果是在面對面的課程中，我便能當面指導，但現在光憑文章來傳達，實在很困難。只能靠累積經歷來慢慢學會了。

不過，在某些情況下，還是可以確認你是否很懂得默默地點頭。

在演講的場合中，你可以坐在與演講者能目光交會的位子，試著對演講者的發言點頭。如果能在演講者覺得最好的時機點頭，演講者就會一直看著你說。

如果進入這個階段，演講者就像處在專為你一個人演講的狀態，你能獲得滿滿的充實感。

此外，不只限於推進附和，掌握附和時機的要訣，可拿唱卡拉ＯＫ時，別人唱歌你在一旁打拍子、拍手、敲鈴鼓的時機做參考。

如果擁有目的，刻意參加這種場合，便能掌握恰當的時機和說話的節奏感，會是很好的訓練。

而唱歌的人也會對你有好印象，可說是一舉兩得。

等你愈來愈會附和後，對方便會覺得「和這個人聊天，總會很投入，一時忘了時間，講了許多話」。

走到這一步，便可說是練就出附和的技術了。

④共鳴附和——「原來是這種狀況啊」、「會有這種感受我明白」

「共鳴附和」是用來表示對對方的意見或情感有共鳴的一種附和。

會使用「是這樣啊」、「那還真是○○的狀況呢」這類的句子。

藉由這樣的附和，**表達自己站在對方的立場，了解對方的想法和情感。**

在對話中，如果只是展開事實的交流，會很難炒熱氣氛，不過，透過共鳴附和，則能加深彼此的了解，對話就此變得熱絡。

因此，為了使用這種附和方式，不光要從對方的發言中展開語言的了解，還要有想從中得知對方的情感和想法的意願。

容易和它搞錯的，是同調附和。共鳴和同調有些不同。共鳴是表示自己也能理解對方的情感和想法。而另一方面，同調是自己積極地配合對方，表示同意。

在地方上的聚會中，I先生說「新搬來的J先生藉口特別多，我都懶得教他了」。

如果是展開共鳴附和，會說「這樣子啊。（因為還不知道彼此想法是否一樣，所以先問清楚）是怎樣的事讓你有這種感覺呢？」，如果是同調附和，則會說「我懂（我也不想教J先生）」。

同調附和是覺得對方與自己的想法和情感一致，因此要是夠誠實，彼此的關係就會變得緊密，但如果你其實沒這麼想，對方便會認為你只是在配合他而已，容易產生誤會和麻煩，要多留意。

不管怎樣，就結果來看，這都是用附和來表示自己也擁有對方的情感和想法。

一般來說，人們在表現出自己的情感或想法時，會小心提防。因為不知道聽的人會怎麼想。但聽的人如果表現出共鳴、同調，對方就會解除戒心，開始解放自己的感受。

通常這往往會讓說的人感到心情舒暢。有人能一同擁有自己的情感和想法，是很開心的事。

因此，對方說起話來會更加投入，可說是處在陶醉的狀態。最後在說完後，會有一種「終於說出口了」的充實感，並覺得「很高興可以告訴你這件事」。

許多的溝通，都是自己為了得到幸福感。因為和人聊天是希望聽的人會有共鳴，和自己同調。

因此，如果能展開共鳴、同調附和，就會博得說話者的好感。

不過，要是過度強調同調，可能會讓對方看穿，而覺得「啊，他為了討我喜歡，故意勉強配合我」，所以要注意，別讓對方覺得你是以過度的同調來討好他。

舉例來說，當你說「我很喜歡《幸福綠皮書》[9]這部電影」時，如果對方回答「對對對，我也很喜歡那部電影！」，你就會覺得你們在感性上很合得來，會想繼續聊下去。接著你談到「身為白人的主角因為一位黑人鋼琴家而敞開心房，這樣的故事真好」，對方回說「對！那故事真的太棒了！」，你覺得和他有共鳴，開心不已，又接著說「還有，劇中演員演出白人主角因黑人鋼琴家逐漸敞開心房的模樣，演技也很令人感動」，對方也繼續附和道「我懂，我懂！他真的是超級演技派！」。

慢慢開始覺得不太對勁了吧。

這就是想要炒熱談話氣氛，而刻意同調的例子。

之後不管說什麼，要是對方一樣說「你真不簡單！我也這麼認為！」、「沒錯！確實是一部經典名作！」，持續保持同調，你或許就會感到懷疑或失望。

「一點都沒錯！」、「的確！」、「真的！」、「就像你說的！」、「果然不簡單！」，就像這樣，如果是「同調附和」＋「強調附和」，說話者會提高自信，心情愉悅，所以算是討人喜歡的一種說話技巧，但如果非出於真心，只是配合對方，會有很大的風險，要多小心。

共鳴附和需要有讀取對方心思的意願，這點很重要，因此就以接受多樣性的心情來使用吧。為此，必須學會共存意識，以及共鳴技術、共聽技術。

9. Green Book，二〇一八年上映的美國劇情片，「綠皮書」（Green Book）是指種族隔離時期的旅行指南。本片榮獲第76屆金球獎最佳音樂喜劇影片、最佳男配角和最佳劇本獎，以及第91屆奧斯卡金像獎最佳影片、最佳男配角和最佳原創劇本獎。

所謂的共存意識，是尊重自己和對方的關係，想要彼此調和，面對生活的意識。是接受多樣的價值觀，以避免對立和紛爭的技術。

所謂的共鳴技術，是貼近對方的情感和想法，想加以理解的技術，有助於建立信賴關係。

而共聽技術，是很認真地聽對方說話，所以請對方也要聽我說話，是一種很積極的傾聽技術。

共鳴附和是很認真貼近對方的意見、想法、情感，並仔細聆聽，藉此給對方安心感，為了提高溝通的品質，扮演了很重要的角色。

⑤摘要附和——「換句話說，是○○的意思嘍？」、「總結來說，是指○○嗎？」

所謂的「摘要附和」，是對對方說的話進行摘要後反問，**是表示自己理解對方說話要點的附和方式。**

像「換句話說，是○○的意思嘍？」、「也就是○○的意思，我這樣的理解正確嗎？」以這樣來附和。

這與複誦附和很類似，不過，這並非單純只是複誦對方說的話，而是用自己的方式來解釋，顯得更具高度。

舉例來說，當有人問你「這次您要出版怎樣的書呢？」，假設你很仔細地回答「近來全球化與日俱進，溝通技術備受矚目，想學習包含尊重訓練、演講、簡報在內的說話技術的人愈來愈多，所以我以溝通教練的身分指導大家，但學生們常問我『我希望討人喜歡，該怎麼做才好呢？』。因此，我想以自己過去針對這個主題指導了十五年以上的課程中所培養出的專業知識，以及我自己建立的方法，來幫助大家，就此寫下這本書」。

這時，如果對方歸納後回答你一句「也就是說，這是一本談論怎樣的說話方式會討人喜歡的書對吧」，這就是摘要附和。

此外，對方無法巧妙用言語表達的感覺，如果你能以關鍵字來表示，對方會更加信任你。

舉例來說，你聽到對方說「我很少旅行。不過，要是有與我嗜好合得來，或是動機相近的人邀我一起旅行，我或許會去」，於是你提出一個新的關鍵字說道「原來如此，換句話說，要是有『志趣相投的人』，你或許就願意去旅行是嗎？」，對方馬上說「啊，對對對，要是有『志趣相投的人』，我就肯去。就像你說的」。對方看你不但了解他，還能將他模糊不明的感受清楚地轉化成語言，會對你產生信賴感，心想「這個人真了解我的感受」。

然而，摘要附和要是不能準確地代為說出對方的感受，可能反而會讓對方失望，所以不是擅自斷定「這個解釋應該沒錯」，而是採提問的形式，就算講錯了，也不太會讓對方感到不舒服。

此外，如果對摘要沒自信，不妨在說話方式上多加修飾，跟對方說「該不會是〇〇吧？」、「如果有所冒犯，請見諒，我聽起來覺得是〇〇，對嗎？」」。

舉例來說，像前面的例子一樣，在應該摘要成「如果有志趣相投的人，我願意去旅行」的地方，要是解釋錯誤，改成「也就是說，『要是沒人邀你的話，你就不去旅行』是嗎？」這種失準的摘要，對方或許會心想「他這種說法，好像我是因為沒人邀我，而在鬧彆扭似的」，而產生反感。

就像這樣，摘要附和算是這些附和當中難度最高的，而要是能巧妙運用它，它也是最能獲得對方信賴的附和。

因此，使用摘要附和時，要提醒自己專注聽對方說的話，時時轉換成自己的話語，同時加以理解。

前面介紹了五種附和方式，其實我是依難度由低到高的順序，也就是按照容易施行的順序來介紹。

因此我可以說，現在馬上就能使用的，是第一個介紹的單純附和，而等到其他附和都能充分運用後，才會使用摘要附和。

想要隨心所欲地使用摘要附和，會面臨的阻礙，是強烈的自以為是。當對方無法順利用語言表達，一邊嘗試錯誤，一邊描述時，你要是自以為是地告訴對方「也就是○○對吧！」，便會急躁誤事。

因此，在使用摘要附和時，必須要虛懷若谷地聆聽對方說的話。

⑥感嘆詞、感動詞——「啊！」、「噢～」、「嘩～」

感嘆詞、感動詞是用來表現「啊」、「嗯～」、「噢」、「咦」、「哎呀」、「哇」、「嘩～」、「哎呀呀」等情感或反應，**在說話前採用，隨著不同的用法，能充當附和，也能當作答覆。**

感嘆詞、感動詞是用來表達情感，所以算是深受音調影響的附和，可說是非語言表現的寶庫，含意會因文脈或表現而改變。

因此在文字上只能寫成「啊」，但在說話方式上卻有無限多種變化，像是驚聲尖叫的「啊！」、以冷靜低沉的嗓音發一聲「啊……」、以顫抖的聲音喊「啊～」，意思和感覺有很大的不同。

感嘆詞、感動詞變化多樣，是重要的表現方式。在我們的課程中，甚至把日文五十音全部拿來當作感嘆詞、感動詞來使用，以此練習，相當重視。

隨著音調和展現方式，會有驚訝、感動、生氣、反感、諷刺、疑問等完全不同的意思，而像否定的「不」和表示決心的「好」，有的是這個字彙本身的含意，有的則是視文脈和現場情況來決定其含意。

尤其是「竟然」和「怎麼會」，含意會因為人們對它後面省略的語彙所做的猜想而改變。

舉例來說，請試著在（）內補上你猜想可能省略的語彙。

「竟然（會這麼幸運）」、「竟然（做出這麼過分的事）」、「竟然

（這麼令人吃驚）」。

「怎麼會（有這種蠢事）」、「怎麼會（有這麼令人高興的事）」、「怎麼會（這麼不可思議）」。

就算是同樣的感嘆詞、感動詞，也會因為說話方式而出現多種不同的含意，只要記住約四到五種變化，就能廣泛使用。

感嘆詞、感動詞能和前面介紹的各種附和組合使用，所以能增加更多的表現變化。

舉例來說，與單純附和組合，變成「啊，這樣啊」。與複誦附和組合，變成「嗯～原來如此，是○○對吧」。與推進附和組合，變成「咦！請再多說一點給我聽！」。與共鳴附和組合，變成「竟然有這種事，這可真是○○的狀況呢」。與摘要附和組合，就成了「噢，換句話說，是○○對吧？」。

以感嘆詞、感動詞來表示自己的心態，可以清楚傳達出你很仔細聽對方說話，而且很感動。

藉由這麼做，對方會覺得自己說的話或行動有價值，得到認同，所以這樣也算是回應對方心中的尊重需求。

而如果目的是要相互產生共鳴，便能就此建立深入的了解與心靈相通的關係。

這可說是心靈的溝通。

感嘆詞、感動詞的用法，與觀看體育競賽的觀眾做出的反應很類似。專注在自己支持的運動選手表現上，如果表現好就開心；要是失敗，就像是自己搞砸了一樣，會很不甘心，深感遺憾。

就像與那位運動選手有共鳴一樣。

我們的學生當中，有人巧妙地使用感嘆詞和感動詞，和任何人都可以聊得熱絡。聽他和某人對話，會不斷聽到「咦！」、「有那麼誇張？」、「真好！」、「啊！」，對方聊得很開心，顯得充滿自信，講得眉飛色舞。

坦白說，他實在算不上是語彙多豐富的人。

正因為這樣，我們可以說，藉由善用感嘆詞、感動詞，可以彌補語彙力的不足，最後大家都會喜歡你。

關於情感

為了回應對方的尊重需求，我們學習了以感嘆詞、感動詞來傳達自己的情感。

而為了掌握對方的尊重需求，留意將焦點放在對方情感上的對話，以這個原則聆聽非常重要，只要想起這點，就能漸漸看出情感的重要性。

這時，重要的是準確掌握自己的情感，這樣會擁有更能正確加以表達的語彙。

為了理解情感，需要語彙

語彙愈少，愈無法明確地以語言來表達情感。

因此，和某人對話時，為了能更正確地理解自己的情感，加以傳達，需要能更準確表達情感的語彙。

舉例來說，就算是傳達喜悅的心情，像「開心」、「心情舒暢」、「情緒高漲」、「愉悅」、「超開心」、「快樂」、「心花怒放」、「幸福」等等，選用哪個語彙，表達方式也會有所改變。

而在選用語彙時，非得掌握好自己的情感是處在何種狀態才行。增加用來表示情感強弱程度的語彙，或是用來表示不同感受的語彙，會比較容易理解自己的情感，也能就此掌握對方的情感。

舉例來說，想表達驚訝，但那到底是令人發抖的驚訝，令人大為混亂的驚訝，還是令人感到不安的驚訝呢？如果沒能加以區別，就無法準確地傳達。

在我們的課程中，會先從認識自己的「情感語彙」開始。請大家也試著製作一份「我的情感圖表」。

階段①填入「我的情感圖表」中

185頁記載了「我的情感圖表」的格式（圖表3※參照來源：普拉奇克的「情緒輪」[10]），請根據它將平時在溝通中所用的語彙填入。這是用來「理解自我」，所以請勿問人或是查字典。

情感分成八個項目，大致分成三階段的層級。關於填入的欄位，由下而上依照順序，1是最弱的情感，10是最強的情感，大家可以按照這十個階段填入。

10. Robert Plutchik，一九二七～二〇〇六，美國心理學家，研究領域包括情緒研究、自殺和暴力研究，以及心理治療過程。他提出「情緒輪」（Emotion Wheel）將情緒分為八個主要類別：憤怒、恐懼、悲傷、厭惡、驚訝、期待、信任和快樂。

圖表3　我的情感圖表

我的情感圖表							日期	
情感等級	情感	情感的語彙	情感	情感的語彙	情感	情感的語彙	情感	情感的語彙
10								
9	震怒		警戒		沉醉		敬愛	
8								
7								
6	生氣		預測		開心		信賴	
5								
4								
3								
2	焦躁		關心		平靜		接受	
1								

名字							歲	
情感等級	情感	情感的語彙	情感	情感的語彙	情感	情感的語彙	情感	情感的語彙
10								
9	恐懼		錯愕		悲鳴		嫌棄	
8								
7								
6	擔心		驚訝		悲傷		嫌棄感	
5								
4								
3								
2	不安		動搖		哀愁		倦怠	
1								

以平時的用語來填寫，這點很重要。舉例來說，在傳達「憤怒」時，會有「火大」、「超火大」、「很不耐煩」、「氣炸了」、「開什麼玩笑」等等。重點是別勉強自己全部都填滿，試著只寫下平時自己會用的語彙。

或許會有因為語彙少而空著的情況，以及因為語彙太多，欄位不夠寫的情形，不過，了解自己才是最主要的用意，不用太在意。

階段②增加「我的情感圖表」的語彙

不妨試著與其他人的樣本比較。

187頁會介紹我們課程中的學生們所寫的樣本。每個人的用詞或語彙數都不同。嫌棄的情感語彙較多，而信賴的情感則語彙較少，不過，這也因人而異。

如果語彙少，不妨查字典，以紅字填入語彙吧。這時候假想自己會怎麼

圖表3　我的情感圖表（樣本）

我的情感圖表							日期	
情感等級	情感	情感的語彙	情感	情感的語彙	情感	情感的語彙	情感	情感的語彙
10		怒火爆發、開什麼玩笑		展開防備		像做夢一樣		溺愛
9	震怒	震怒、你給我差不多一點	警戒	警戒	沉醉	像飛到雲端上	敬愛	敬愛
8		火大、一肚子火		防衛本能啟動		幸福		尊敬
7		生氣		注意		陶醉		託付
6		煩死了		提防		由衷感謝		信賴
5	生氣	煩躁	預測	擔心	開心	開心	信賴	信任
4		不耐煩		激起好奇心		太好了		贊成
3		心煩		感興趣		療癒		認同
2	焦躁	麻煩	關心	關心	平靜	安心	接受	容許
1		心情不平靜		吸引目光		悠閒		接受

名字			40歲　女性					
情感等級	情感	情感的語彙	情感	情感的語彙	情感	情感的語彙	情感	情感的語彙
10		恐懼		全身發抖		心好痛		不在考慮範圍內
9	恐懼	有點害怕	錯愕	錯愕	悲鳴	心快要脹破了	嫌棄	不可能
8		擔心受怕		詫異		無法振作		噁心
7		擔心		混亂		痛苦		看了就生氣
6		移不開目光		吃驚		心碎		就是看不順眼
5	擔心	有點牽掛	驚訝	意想不到	悲傷	內心受傷	嫌棄感	不舒服
4		不安		心裡七上八下		悲傷		提不起勁
3		不放心		激起不安		快哭了		慵懶
2	不安	在意	動搖	動搖	哀愁	消極	倦怠	麻煩
1		掛心		心神不寧		純真		算了

使用，以會話用語填入，這點很重要。

在我們的課程中，為了增加語彙，會推薦活用類語辭典。光是查「開心」一詞，就能從中知道許多表現方式。

階段③實踐

從平時就慢慢使用增加的語彙。此外，人們如果不給自己的情感一個稱呼，就會感到模糊不清。

舉例來說，當你覺得「煩躁」時，自己會用怎樣的語彙來掌握呢？如果總是用「火大」，會無法明確掌握自己的情感。不過，試著細部分解後，會發現用「生氣」、「心煩」，或是「麻煩」來表現會更清楚，能加深對自己情感的理解。

第三章

用「非語言」來表現心態的說話技巧

「美國的說話技巧」三大主軸中，我們在第一章針對「心態」，第二章針對「語言表現」，學習其方法論。

而在第三章，將針對這三大主軸最後一個的「非語言表現」來學習。

人們的心態，許多都會表現在「非語言表現」上。

所以要從對方的「非語言表現」來探尋對方的「尊重需求」，同時以「非語言表現」回應其「尊重需求」。

在第三章會針對其方法進行解說。

SECTION

1

以「非語言表現」來回應「對方的尊重需求」

在第一章談到「說話方式的心態調整法」，在第二章談到「以話語來表現心態的說話技巧」。

而在第三章，這三大主軸的最後，會針對「以非語言的方式來表現心態的說話方式」為各位介紹。

以「非語言表現」來回應「對方的尊重需求」，必須經過兩個步驟。分別是：

- 從「非語言」來掌握「對方的尊重需求」。
- 以「非語言」來回應「對方的尊重需求」。

我們就仔細來看這兩個步驟吧。

①從「非話語」來掌握「對方的尊重需求」

在第二章，是從話語來掌握對方的尊重需求，但在很多情況下，光是從話語無法完全看出對方的尊重需求。

因為人們往往也會展開非語言的表現。

雖是說同樣的話，但透過表情、手勢、聲音的高低起伏等非語言的表現，意思會隨之改變。

所以為了接受真正的意思，必須掌握非語言。

舉例來說，你問對方「最近過得怎樣？」，就算對方回答「我很好」，但要是他神情僵硬，或是表情陰沉，便能感覺出對方過得不好，所以會再追問一句「發生什麼事了？」。

從這個例子看得出來，非語言比語言更有表現力，有時會傳達出與語言完全相反的資訊。

換句話說，**非語言在資訊量和資訊的重要性上，有時會遠在語言之上。**

而且用語言來表現時，必須有意識地傳送訊息，要使用怎樣的話語來表現，也很容易管理。

但以非語言的情況來說，有時會無意識地自己跑出來，或是顯現在外的資訊，與想要傳達的內容不同。

就像剛才提到的「我很好」這個回覆，儘管有辦法管理話語，但在無意識下，卻以非語言表現出很沒精神的樣子。

換句話說，非語言會擅自表現出心態。

當對方的語言表現和非語言表現出現矛盾時，可以說大多都是以非語言表現所傳達的資訊可信度較高。

舉例來說，當你開口邀約「今天要不要一起去喝酒？」，對方雖然回答「啊，這個嘛。我如果提早完成工作，就一起去」，但當時對方為難的表情、無精打采的聲調、看起來很忙碌的眼神，都以非語言表現傳達出「我不太想去」，這時就別勉強對方，回一句「啊，那今天還是算了吧」，自己主動收手吧。

非語言表現所帶來的資訊，可以說就是這麼占優勢。

相反的，如果你覺得自己的神情一般，但有人卻問你「發生什麼事了嗎？」，或許你在無意識中藉由非語言表現，呈現出「悲傷」或是「煩躁」的情感。

有人這樣問你時，不妨回問對方「我看起來給人這種感覺嗎？」。坦然接受自己在無意識間以非語言表現所呈現的情感，這點很重要。

而對方關心你，也記得要表達感謝之意。

與平時總是充滿活力的後輩打招呼時，如果能以非語言表現察覺出對方「聲音沒勁，腳步沉重」，不妨就試著問一句「發生什麼事了嗎？」。

「我家的寵物生病，我很擔心牠」，對方也許會就此說出心裡話。有時或許還會從「是這樣的，昨晚我開始看預錄的韓劇，結果欲罷不能，晚上沒睡……」這樣的談話中，展開意想不到的對話。

②以「非語言」來回應「對方的尊重需求」

前面談到以非語言來掌握對方的尊重需求。而掌握了「對方的尊重需求」後，接著要以非語言表現來回應。

話說回來，為什麼必須以非語言表現來回應對方的尊重需求呢？

因為非語言表現能在短時間內傳達的資訊量，遠比語言表現來得多。

舉例來說，你想向對方傳達好感時，如果想用語言來表達你有多喜歡他，或許會寫成一篇充滿技巧性的長篇文章。

而要是對方沒有同樣程度的語彙力和解讀力，文字便可能無法傳達你的情感。

但如果是非語言表現的話，藉由表情、語調、視線的移動、手勢等，便有可能在短暫的瞬間很直覺地傳達。

而且非語言表現不見得要伴隨語言。

當然了，大部分情況都會說「我喜歡你」，同時以非語言表現來傳達，但就算完全沒說話，光靠當時的狀況、表情、手勢、視線移動、服裝等，也能清楚傳達。

在不說話的非語言表現下，最常有的體驗，就是無聲的附和了。

像「原來如此」、「哦」這類的話，就算沒說出口，只要看著對方的眼睛，就能傳達「我明白哦」的意思。光是盤起雙臂，視線斜向往上望，就能傳達出你一邊想像「嗯～這確實有可能」，一邊在思考。

反過來說，就算嘴巴上說「這很棒吧！」，但要是心裡想的是「很棒才怪呢！」，也許非語言表現會更強烈地傳達出來。

因此，以為有口無心就能說服別人、含混過去，或是讓人感動的人，可能有一天會嘗到苦頭。

能管理語言表現的人很多，但懂得管理非語言表現的人並不多。

無法管理的可怕，在於你就算默默站著，也可能會被人看出你的想法。因為非語言表現總是會自動表現出來。

也就是說，當事人的心態，會因為非語言表現而自行顯現在外，所以保持好的心態有多重要，可說是再明顯不過了。

SECTION 2

STEP①「對方的尊重需求」，以「非語言」來掌握＝觀察

想要一邊以非語言來表現心態，一邊說話，要先從非語言來掌握對方的尊重需求，再以非語言來回應對方的尊重需求，這在前面已經學過了。

接下來，我們就來學習用來實踐各個步驟的具體方法吧。

首先，我們來看看以非語言表現如何掌握對方的尊重需求吧。

人們比想像中更常以「非語言」來表現需求

我們已經知道，非語言表現的資訊量勝過語言表現。

而實際上，我們平時能從一句話也不說的對方身上確認「他該不會是餓了吧？」或是「他是不是遇上什麼煩心事？」。

此外，小孩子光是看表情和態度，便向一句話也不說的母親詢問「媽，妳在生什麼氣？」，就連小孩子也懂得接受非語言表現。

換句話說，不論是自己還是對方，都會因非語言表現而將情感或想法流露在外，必須有此自覺。

那麼，人們的需求特別會顯現在怎樣的非語言上呢？

那就是接下來我要說明的「眼、眉、口」。

最會表現出人們心情的「眼、眉、口」

人們的情感會以非語言表現的方式，最顯著地呈現在眼、眉、口上。

根據美國心理學家保羅・艾克曼（Paul Ekman，一九三四～）的研究，基本的情感會顯現在特定的部位，加以強調。

這項研究成果，在美國的教育現場、犯罪學、心理療法等領域也都被採用。

美國的學生將這當中最容易看懂的「眼、眉、口」稱作「Big three」，學習其「觀察法」。

這三者有個共通的觀察法，那就是掌握該部位的上下起伏，是很簡單的方法。

先看眼、眉、口

眼、眉、口該觀察的，是「它究竟上揚還是下垂」。

舉例來說，眼角下垂，代表開心或快樂，嘴角下垂代表悲傷或發愁，眉尾下垂代表生氣，雖然不是絕對，但能大致確認其變化。

表情符號就是利用這些特徵。

日本和美國的表情符號不太一樣。日本是以強調眼睛形狀的表現來呈現笑臉，而美國則是以強調嘴巴的表現來呈現笑臉。

日本想從眼睛的微妙變化來看出對方的情感。

美國人是由多種人種展開溝通，所以為了清楚聽懂發音，養成了讀脣的習慣，會想從嘴巴的狀態來看出對方的話語和情感。

兩者都不是只看眼睛或嘴巴，而是眼睛和嘴巴都看，差異就只有比較重視哪個部位而已。

因此，要是嘴巴笑眼睛不笑，有時會讓人覺得「陰森可怕」一樣，不是只看一個部位，而是採綜合性的判斷。

在美國當然也教導他們看著對方眼睛說話很重要，不過，他們學習到更重要的是「眼睛的用法」。

這正是對Big three的觀察。

尤其是說話時不知該看哪裡的人，請務必要學會這項技術。

不過，有時人們的表情有其習慣，所以也不能斷言皺起眉頭就是感到不滿。因為瞇眼說話，所以表示覺得可愛、因為噘起嘴，所以表示有意見、因為嘴角緊抿，所以表示有幹勁，諸如此類，有時也不能單純地做這樣的判斷。因此必須對眼、眉、口展開綜合性的觀察。

此外，對全身的狀態也展開綜合性的觀察，這樣更能正確地掌握對方的心態。

情感很容易顯現在「Face language（表情）」、「Hand language（手勢動作）」、「Foot language（腳面朝的方向、動作、步調、節奏）」。

此外，「Proxemics（溝通下的距離）」也算是一種非語言表現。

對這些展開綜合性的觀察，便能充分掌握對方的心態。

觀察的順序，首先是以Big three的眼、眉、口為基本來觀察整體，接著看手勢、手的位置、手臂、手掌、手的握法、手臂的位置。

接下來看身體面朝的方向、角度、態度、背部彎曲或挺直的狀況，以及腳的位置、腳趾面朝的方向、腳的動作、雙腳的習慣。

然後觀察自己與對方的距離以及空間的使用方式。

對方也會看你的眼睛

我特別希望各位用眼睛留意的，是觀察對方的表情時，你「眼睛」的表情。

也許會因為專注在觀察中，而使得眼神變得兇惡，或是一直瞪視著對方。

或者是懷疑對方、覺得對方可疑、排斥對方，情感顯現在眼睛上。

要注意自己是否露出像所謂的「刑警之眼」的銳利眼神。

此外，對方有可能也正在看你視線的移動，所以切忌過於露骨地觀察對方。

首先要想起「我想和對方變熟」的溝通目的，抱持著找出對方優點的意識，若無其事地展開觀察吧。

要是過於露骨地觀察對方，對方會當你是在查看她的包包、衣服、鞋子，而有一種受人品評的感覺。

別忘了，你在觀察對方的眼睛時，對方也看著你的眼睛。

反過來說，你也可以從對方的視線移動中，察覺出對方對什麼感興趣。她在查看我的包包、她在查看我的手錶，就像這樣。

此外，當對方的視線望向莫名的方向，或是眼神游移時，可能是還沒理出頭緒、在想其他事，或是沒專心聽你說話。

如同前面所說，在Big three中，眼神的表現力最強，簡單易懂。

眉毛在驚訝、感興趣時，整體會往上揚。

相反的，當發愁、煩惱時，或是想事情時，則往往會下垂。

對方戴著深色墨鏡時，看不到眼睛，所以要從眉尾的動作來看出對方的情感。

嘴巴則是看嘴角是上揚還是下垂，是緊緊咬牙還是嘴巴微張，以此判斷對方的情況。

嘴角上揚時，表示開心或快樂；嘴角下垂時，則是覺得悲傷或無聊。

緊緊咬牙時，表示充滿幹勁，或是在忍耐什麼。

相反的，嘴巴微張時，表示是鬆懈，或是因為被什麼欲望附身而露出破綻。

人們在渴望獲得的東西出現眼前時，常會嘴巴鬆懈微張。

在日本，人們常說「和人說話時，要看著對方的眼睛」，所以也有不少人只注視對方的眼睛，亦即所謂的凝視。但要是不多留意，會不小心變成前面提到的「刑警之眼」。

在說話時，不是只看著對方的眼睛，而是看整個表情或是全身，某種程度地移動視線會比較好。

而當對方開始說重要的事情時，要看著對方的眼睛，展開眼神接觸，表現出你很專心聽對方說。

前面提到，你視線的移動，對方也全看在眼裡，所以要特別注意。但就結果來說，只要你抱持著想仔細聽對方說話的心態，你的想法就會顯現在視線的移動上，所以沒必要太重視技巧。最重要的果然是心態。

以「臉、手、姿勢、腳、空間」的順序來看

前面提到，最能表現出對方情感的部位，是眼、眉、口，但在對話時要是一直凝視著對方的臉，則會變成刑警之眼，會讓對方產生壓迫感，或是讓對方覺得你在懷疑他。

此外，對方的尊重需求並不光只表現在包含眼、眉、口的臉孔上。因此，為了避免一直凝視對方的臉，接下來會談到如何適度地移動視線，更準確地掌握對方的尊重需求，那就是依照「臉、手、姿勢、腳、空間」的順序一路看下去的方法。

其實對方的尊重需求不光只看表情，必須展開綜合性的觀察。仔細看之後會發現，儘管對方臉上顯得幹勁十足，但可能雙手顯得忸怩不安，或是一直在抖腳。

人們為了隱藏自己的尊重需求，而刻意掩飾表情，這並不難。但要同時管理好手腳和姿勢，可就不容易了。

因此，藉由觀察整體，可以更準確地掌握對方的尊重需求。

這時，依照臉、手、姿勢、腳、空間的順序觀察，與拉遠相機鏡頭，放大畫面視角的感覺很類似。

不過，一開始就算依照這個順序，等到展開對話後，為了盡可能提高確認Big three的眼、眉、口的頻率，實際上都是按照「臉、手、臉、姿勢、臉、腳、臉、空間……」這樣的順序，總是回到臉部的基本重點上，這樣不光是較容易掌握對方的尊重需求，自己的視線看在對方眼裡，也會比較像是自然地隨機移動。

尤其是當對方在談到特別強調的關鍵字或內容時，只要馬上看對方的眼睛，表現出認真詢問的樣子，這樣就行了。

當對方尋求共鳴、邀你一起做某件事，或是向你訴說什麼時，仔細看著對方眼睛，會表現出你的誠意、尊重，以及信賴感。

等熟悉後，就算沒照著這個順序走，你也會明白對話中要留意的重點以及「眼睛的用法」。

那麼，接著就針對臉、手、姿勢、腳、空間的觀察方式，依序詳細看下去吧。

看臉

兩人面對面交談時，為了掌握對方的尊重需求而看臉時，要從前面提到的 Big three「眼、眉、口」開始看起。

這時要留意的是得刻意「觀察」，而不單只是「看到了」，這點很重要。「看」和「觀察」都是用來表示透過視覺的認知，但「觀察」是擁有更進一步的關心，想加以理解。就算自以為是看著對方，但要是沒有「觀察」的意識，最後只會淪為「看到了」，無法準確地掌握對方的非語言表現。若想要從非語言表現去看穿對方的心態，積極展開觀察的態度不可或缺。

所謂單純地「看到了」，不過只是在沒刻意看的情況下，不小心看到了。也就是眼神沒對焦的狀態。

舉例來說，發現對方背後牆壁有個黑色的東西，在認出那是蟲子的瞬間，就是有對焦的狀態。

展開心態設定，將目的設定成「掌握尊重需求」，抱持「觀察」對方的意識來對焦，才能逐漸明確地看出非語言表現。

你將會發現「他說這件事情時，鼻孔撐大」或是「他剛才移開視線」。

整體觀察對方時，會使用眼睛的對焦功能，拉大視野（看到的畫面視角）。感覺就像一邊拉遠鏡頭，一邊放大可視範圍一樣。

透過了解眼睛的功能，在眼睛的使用方法上多花點心思，便能一邊交談，一邊解讀對方的想法。

了解「眼睛的使用方法」，懂得觀察表情後，便能看出對方的心思，例如聽到玩笑話，雖然嘴巴掛著微笑，但眼神卻很可怕，或是明明以冷靜的眼神回答提問，卻漸漸開始臉紅。

看手

接著看手。

手號稱是僅次於臉，能充分展現情感的部位。

我想你也有過這樣的經驗，一緊張就手發抖，生氣時會緊緊握拳，傷腦筋時會手抵著頭，或是搔頭。

身體一進入防禦狀態，肌肉就會收縮。

呼吸變淺，脈搏加速，同時兩臂緊貼腋下。盤起雙臂的行動，也是一種防禦姿勢，可說是進入守備狀態。

相反的，張開手掌給對方看時，表示自己很信任對方。

舉手張開手掌，也是一種「我接下來會敞開心房來說」的訊號。

另一方面，在聽對方說話時，有人習慣盤起雙臂，這樣有可能會讓對方覺得你緊閉心門。

你不想接受對方的意見，或是不想讓人知道自己心裡的想法時，可藉由盤起雙臂，刻意以非語言來讓對方知道。

附帶一提，就像跳躍會感到心情愉悅一樣，人可以藉由行動來影響情感。有時還會因為行動而自行產生情感，所以會因為盤起雙臂，而在無意識下，內心也自行進入防備狀態。

如果是想敞開心房，與對方變得熟識，可以停止做出盤起雙臂的動作，不妨慢慢矯正自己的習慣吧。

此外，商務人士在桌上雙手交疊，或是在膝蓋上雙手交握時，與其說是表達情感，不如說是一種專業性的展現，所以要小心，別隨便下判斷。

看姿勢

對談話內容的想法、想聽對方說話的意願，都會表現在姿勢上。

說話者採前傾姿勢說話，是「這裡我要講的事很重要」的一種心情的展現。

此外，當聆聽者前傾聆聽時，是「我對這件事很感興趣」的一種情感展現。

換句話說，前傾姿勢是專注在談話時容易表現出的姿勢。

舉例來說，如果有人原本都往後靠在椅背上，聊著工作的事，而一聊到他登山的嗜好時，便馬上趨身向前，那他就是覺得「比起工作的事，我更想聊登山的事」。

這時候要是想一口氣拉近與對方的距離，只要針對登山的話題加廣就行了，而要是明知對方喜歡登山，但工作方面的話題非得繼續下去不可時，不妨暫時先聽對方說，等來到適當的時機說一句「說到剛才的話題……」，把話題拉回來，這樣就行了。

並不是因為對方趨身向前，就非得順著話題一直聊下去不可。

此外，習慣和身體的特徵也會表現在姿勢上。

如果是維持腰桿挺直的人，也許是從事某種運動、武術，或是舞蹈，而駝背又脖子前傾的人，也許是整天都坐在電腦前工作的人。

換句話說，可以看出形成個人特質的生活習慣。

此外，採斜的坐姿，斜向面對對方的人，會讓人覺得是輕視對方、想要耍酷、排斥完全接受對方。

或者是想要馬上結束談話，起身離席。

不過，當中也有人是因為一邊耳朵聽不清楚，而用聽得清楚的耳朵朝向對方，所以要記得，別太早下定論。

看腳

為了看出尊重需求，而將焦點放在雙腳時，要看腳的動作。藉由搖晃、抖腳，可以看出對方覺得對話很無聊，想早點結束、有話難以開口，感到不安、因初次見面而緊張等等。

而腳朝的方向也要留意。

如果對方的腳直直地朝向你，大多表示他感興趣。而如果是腳朝向你，但腳尖或膝蓋卻是朝向大門時，就可能是想早點結束這場談話。

走在路上將人叫住，開始說起話來時，如果是想仔細聽對方說話的人，腳尖會轉向說話者。而如果是有急事，希望對方簡短地說明要事的人，腳尖會朝向他的目的地。

看空間

對話下的「空間」使用方法，大致可分成三種。

第一種是與對方之間物理性的距離，人稱私人空間。

與對方的距離，愈近愈能表示你對對方有好感和信任，愈遠愈能表示你對對方不信任，存有戒心。

每個人的私人空間都不同，所以必須從對方的非語言表現來觀察探尋。

當對方極度與你拉近距離時，有時是非你所願的求愛，或是無來由的施壓和威嚇，所以像這種時候，我方也別勉強自己接近對方，這才是明智之舉。

第二種也是物理性的空間，這是走路或做手勢所需要的空間。所謂做手勢的空間，是在說話時攤開雙手或四處走動，進行非語言表現所需要的空間。

手勢空間大的人，會顯得充滿自信、堅持主張的想法強烈。相反的，手勢空間小的人顯得沒自信，堅持主張的想法微弱。有手勢時，如果距離過近，大的手勢會讓人感到不舒服。而像在大型會場裡做簡報，或是在TED大會的舞臺上演講，邊走邊說的情況，就需要較大的手勢。

史蒂夫．賈伯斯就採用這種邊走邊說的簡報方式，不過以他的情況來說，他的用意是要藉由在舞臺上移動，有效地推展他要說的故事。

舉例來說，他站在一開始的位置上，說到某天他想到一個新產品的點子，接著移往另一個位置，說他為了加以實現，發生了怎樣的事，然後又走到其他地方，讓聽眾的期待感升高，心想，終於可以發表了。

換句話說，邊走邊做簡報，其實就像短劇一樣，會有效地讓人產生戲劇感。

有許多人沒了解這當中的奧妙，就只是覺得他這樣邊走邊說很帥氣，無比崇拜，而加以仿效；但如果隨便模仿，只會成為一個靜不下來的說話者，要特別注意。

而第三種，是影響力所及的距離。

舉例來說，在周遭聲音喧鬧的狀況下，對方要是小聲說話，會聽不清楚。

見面的場所或坐的位置，如果沒一併考慮在內，可能會妨礙溝通。所以在聽不清楚時，不妨「老實地換座位」、「考量對方的感受，主動靠近」，在聽對方說話的姿勢上多花點心思。

像演說或做簡報，都必須仔細想到自己對眾人說話時的影響力。影響力所及的距離，會因為會場或人數的不同而改變，所以出聲方式、視線的安排、手勢的大小、舞臺的運用方式、情感的投入，都得跟著調整。麥克風的使用方式、麥克風的收音、服裝，也都很重要，所以追求專業的人不妨好好研究吧。

看手勢

大部分人的手勢，往往都是為了傳達某個含意，而憑感覺動起雙手，或是很自然地擺動身體。

手勢的含意，有時會因文化而有所不同，但大部分情況都會配合談話的內容，所以能大致掌握對方的意圖。

藉由手勢，讓談話內容以視覺呈現，這能傳達出用話語難以傳達的感覺或細膩處，加深對方的了解，增加說服力。

了解常用的手勢，日後自己在使用時，也能更有效地使用，也更容易掌握對方的意圖。

手勢有時也會因談話的脈絡而使得意思改變，我們就先來看看演說中常會用到的例子吧。

在TED大會等地方常會看到張開手掌的動作，這稱作「Hand Open」，表示自己敞開心房，希望對方信任自己。雙手手掌朝上，是表示接受對方的姿勢，而在頭上或側臉處做出往下揮的砍劈動作，是在強調內容。

此外，當你說「這裡有多少是外縣市來的人呢？」，要催促別人舉手時，自己要抬起手做示範，進行催促對方行動的「提示（Prompting）」。吸引聽眾的目光，或是催促眾人拍手或起立的手勢，也算在「提示」內。

「水平指示（Leveling）」是以高低進行比較時，一邊說「大概這樣的水平」，一邊以手勢比出位置，或是做出像在爬樓梯的動作，說一句「有這樣的不同階段」，表示出階段逐漸改變的樣子。這是想用視覺的方式，讓對方理解水準的差異時常用的手勢。

「This & That」是以單手或雙手來表示左右，說明兩種以上的事物差異，例如像「假設這裡有紅豆餡的鯛魚燒和奶油餡的鯛魚燒」這樣時，是簡單易懂的手勢。

「圓圈（Circle）」是以手掌或手指畫圓，表示事物一再反覆、持續，或是循環時，很有效的手勢。

「方塊（Square）」是以手掌或手指畫四方形，表示對象物或範圍，例如「我們來拍照吧」、「大概這麼大」，常會使用的手勢。

「三角形（Triangle）」是以手或手指畫出三角形，或是比出這種形狀，能用來表示方向。

另外，它也常用來表示成長或警告，也常用來表示山脈或金字塔。

「線條（Line）」是以手掌或手指直直畫一條線，如果再同時說一句「直直地朝成功之路邁進吧！」，便能指出道路或方向性，而要是說「從這裡再過去，會是不同的次元」，則會成為表示分界線的手勢。

此外，「指點（Pointing）」有幾種用法，例如指出人或物，或是依序豎起「一根手指、兩根手指……」，並說出「第一項重點是〇〇，第二項重點是〇〇，然後……」，以此強調項目的用法，以及以手指向各個地方，說著「這裡也有，那裡也有」，當作強調有多個對象的手勢，或是手指抵向唇前表示「安靜」，或者用來強調指示，各種用法皆有。

「保持（Holding）」是做出像雙手握住球的手勢，藉由像「團隊緊密團結」這樣，以固定住的動作，來傳達出團結的意思，或是用來表示保有資訊或事物，常會使用這個手勢。

而「愛心（Heart）」是將雙手手掌抵向胸前，或是手指比出心形，藉此表示「我愛你」、「我很重視」、「謝謝大家」這類的信賴或感謝之意，是常使用的手勢。

「給予援助（Give Support）」是伸出手掌說一句「送給你」，表示自己給予支援的想法，或是給予援助的手勢。能藉由邊拍手邊誇讚，或是用力點頭表示理解，來建立共鳴。

目前介紹的，都算是會給對方正面印象的手勢，不過，也有負面的手勢。

例如雙手手掌朝上聳肩，是強調「我不懂」、「沒辦法」、「我投降」的表現，而如果在臉部前擺出手刀的形狀左右擺動，則能強調「我不需要」、「別開玩笑」之類的表現。

或者是雙手抱頭，說一句「傷腦筋」、「怎麼會這樣」，就能表現出自己不知如何是好。

自己在使用手勢時，刻意使用正向的手勢，好感度會跟著提升。

似乎有許多人對於傳達感謝之意感到排斥，但有時候鼓起勇氣，擺出剛才提到的愛心手勢朝對方走近，或許能讓對方感到開心。

在我的課程中，都很推薦學員們常使用大動作的正向手勢。

SECTION 3

STEP②對「對方的尊重需求」，以「非語言」來回應＝使用記號

在STEP①，我們看過了以非語言表現來掌握對方尊重需求的方法。

接著要來看如何以非語言表現來回應對方尊重需求的方法。

標示出語言的「記號」，是非語言表現

要回應對方的尊重需求，不光只有語言表現，非語言表現也很重要。

非語言表現會自動洩露出心態，所以必須多加留意。

非語言的資訊量大，有時會因為情感或一些細膩處，而遠勝過語言，左右語言的含意。

換言之，要是沒管理好心態，仔細觀察非語言，與語言的含意不同的非語言表現便有可能伴隨而來。

要是心思只放在語言表現上，就會無意識地以非語言做出與意圖有出入的表現，想讓對方知道的事無法順利傳達。

非語言表現就像是書信或文字中的記號。

想用LINE之類的軟體訊息來表達自己的心情時，只要在文字中加入表情符號或貼圖等記號，就能傳達出語言背後的心情或狀況。

舉例來說，朋友擔心生病的你，傳了訊息給你，你要是只回一句「已經沒事了」，對方會心想「什麼沒事了？」、「是怎樣沒事？」、「意思是我瞎操心嗎？」，而更加擔心。

但在回信時，只要寫上「已經沒事了！」，後面附上「！」（驚嘆號，exclamation mark），或是回一句「已經沒事了\(^o^)/」，附上表情符號，或者是以貼圖貼上看起來充滿活力的角色，對方或許就會覺得放心，心想「啊，他康復了，太好了」。

以文章的情況來說，強調時如果用加粗的字體、彩色字體、畫底線，就比較容易讓對方知道，而以「」或『』來對文字資訊添加記號，會更容易傳達資訊。

同樣的，雖是口頭上的對話，但只要在語言表現中加上非語言表現的記號，就能更準確地傳達意見和心情。

口頭的對話或演講中的記號，可分成非語言表現的「肢體語言」、「高低起伏、聲調、說話速度」、「握手、擁抱、拍背」、「與對方的距離、空間」、「服裝」、「時間」、「沉默」。

我們就分別看下去吧。

①肢體語言

肢體語言是回應對方尊重需求時使用的記號（非語言表現）之一。

前面說明過的手勢，也是肢體語言。

就像我前面說的，如果光只有語言表現的話，資訊太少，可能會造成對方誤會。

但藉由活用肢體語言，能更準確地傳達我方的感受。

許多人在向對方傳達感受時，應該都會在語言表現上特別留意。

但對於肢體語言，則幾乎是在無意識下表現出來對吧。

換句話說，如果不特別留意，就算話說得再好，口是心非的心態或許還是會經由肢體語言表現出來。

而且就像我們在麥拉賓法則下看到的，當語言表現與非語言表現產生出入時，人們幾乎都會將非語言表現當作正確的資訊採用。

因此，我們也必須留意同樣算是非語言表現的肢體語言，管理其表現。

肢體語言該如何管理才好呢？

首先，掌握對方的尊重需求，是基本原則。

為了掌握對方的尊重需求而特別關注的「眼、眉、口」這Big three，以及「手、姿勢、腳、空間」、「手勢」，這次自己要站在回應者的立場，特別留意。

這時候，要抱持「我接受你」的心態，以肢體語言來表現。

尤其是眼神接觸，這是接受對方的一種宣告，而透過手勢表達共鳴，能向對方仔細傳達自己的感受。

②高低起伏、聲調、說話速度

非語言表現包括了說話時的起伏、聲調、速度、強弱、高低、節奏。

所謂的起伏，是對語言加上音高的變化。

也稱作加上音階。

沒有起伏的說話方式，叫作「讀稿」。

在YouTube等網站中用來朗讀旁白的軟體中，有完全沒高低起伏的說話方式，所以應該不難想像。

不過，今後讀稿軟體也會進化，總有一天能從文脈或單字的含意來對高低起伏展開類推。高低起伏是藉由練習便能學會的技巧。

「有高低起伏的談話」，與投入情感唱歌很類似。

當中我特別想強調的，是演歌中的「轉音」。

聲調與高低起伏很類似，但高低起伏顯示的是局部，相對於此，聲調是高低起伏的結果，給人整體的印象。

因此能用「以開朗的聲調說話」，或是「以陰沉的聲調說話」、「以沉穩的聲調說話」來表現。

此外，決定好聲調後，能加上高低起伏的音高範圍便已固定。假設「用來表示堅定決心的聲調」是以音階Do（低）到Mi這樣的起伏來說話，則「開朗的聲調」便是以Sol到Do（高）的起伏來說話，就像這樣的感覺。

聲調的要素中也包含了音色，因此，如果是「友善的聲調」，就會是開朗、口齒伶俐、發音清晰的說話方式；而如果是「沒自信的聲調」，則是聲音沒有精神，發音也不夠清晰的說話方式。

聲調的重點，是說話時要帶有情感。

同樣一句「謝謝」，如果是開朗的聲調，能爽朗地傳達感謝之意，但如果是陰沉的聲調，或許會傳達出「其實我很困擾」的感覺。

因此，高低起伏和聲調，並非單純是技術的問題，它會因情感的投入方式而自行產生，了解這點非常重要。

這麼一來便會發現，我們在說話時會不自主地投入情感，所以提醒自己「就以開朗的心來說話吧」或是「就以感謝的心來說話吧」，會表現在高低起伏或聲調上，心態會與非語言表現緊密結合。

換句話說，會因心態而改變。

不過，就像沒事先練習就要挑戰沒唱過的旋律或音域，肯定唱不好一樣，說話時的高低起伏和聲調，如果不趁有機會的時候事先練習，就不會有好的表現。

因此，簡報或演說在即的人，最好事前練習正式說說看。

此外，當下的狀況會顯現在說話速度上。

如果焦急，說話速度就會加快，而如果是放鬆的假日，就會用悠閒的說話方式對吧。

不過，符合溝通技術的說話速度，非得配合當時的必然性來加以管理不可。

當內容困難，或是重要度高時，要一邊確認對方的理解是否確實地跟上，一邊放慢速度來說。

相反的，在需要說一句「好，今後我們一起努力吧！」，加上幹勁的場面時，一邊加速，一邊接連著說，這樣比較有效果。

也就是說，沒有必然性的加快，會催促對方；而沒有必然性的放慢，會讓對方感到不耐煩。

此外，在表示自己有共鳴的技巧方面，配合對方的說話速度和步調來回應，也很有效果。

而說話速度能改變自己給對方的印象。

如果說話快又俐落，容易讓人覺得「這個人腦筋轉得很快」；而如果說得慢，沒太多贅詞，則容易讓人覺得「這是個說話謹慎，很穩重的人」。

也就是說，只要有目的，有必然性，以很快的速度說話，會給人好感。但如果沒有目的，沒有必然性，以很快的速度說話，則可能不會給人好感，會讓人覺得這個人真性急，或是感到著急。

③握手、擁抱、拍背

這是剛才提到的肢體語言之一，不過對日本人來說，握手、擁抱、拍背，或許是不太習慣的非語言表現。

在歐美，這是日常生活中常有的肌膚接觸，但日本沒有這樣的習慣。近年來性騷擾、權力騷擾的規範加強不少，在做之前如果沒挑選對象，不光人際關係會變差，嚴重的話甚至還可能挨告。尤其對方是異性時，更要特別注意。

但在高度多元化的社會，有些文化就是會常用這種非語言表現，最好要具備這樣的知識。

握手和擁抱，是強烈表現信賴和親近的非語言表現。

如果對方要求握手或擁抱，就要能加以回應，不妨先作好這樣的心態準備。

另一方面，在日本也有拍肩的行為，但這也要看對象。

舉例來說，如果是對等關係的同事或朋友，說一句「要多多關照哦」或「我們一起加油」，相互理解，對此有共鳴，便會在同樣的感覺下以拍肩或拍背的非語言表現來回應。

但如果是上司對部下以「看你的了」、「很努力哦」，或是「辛苦了」的感覺拍肩，要是部下也回拍上司的肩膀，那可就失禮了。

像這種時候，就用笑臉或點頭等非語言表現，來回應心中的感謝之情，或是已接受的事。

④與對方的距離、空間

針對與對方的距離、空間，前面已提過，指的是與對方的物理性距離、手勢的大小，以及影響力所及的距離。

為了以自己與對方的距離、空間來回應尊重需求，這次要自己刻意成為創造這些距離的一方。

基本上，不是我方主動拉近距離，而是在對方拉近距離時，採取接受的態度。

私人空間一般都說是在45公分內，所以要是拉近到這個距離內，便會構築出相當的信賴關係。

此外，如果想增進感情，不是只要拉近距離就好，也必須考量到彼此的社會地位。

尤其是握手和擁抱這種接觸，要特別注意。

在對話中，要是對方在說話時前傾，我方也要跟著前傾聆聽，擺出接受的姿勢，這是基本原則。

不過，當對方明顯擺出拒絕你的態度時，包含手勢在內，都沒必要勉強拉近彼此距離。

像這種時候，不妨表現出「我一直都是敞開心胸」的態度。別盤起雙臂，要攤開手掌給對方看，頻頻點頭，表現出有共鳴的樣子。

附帶一提，美國的文化人類學家愛德華・霍爾（Edward Twitchel Hall，一九一四～二〇〇九），針對與對方的距離感，將人際關係的距離大致分成四個區域。

像彼此不認識的人、演說或是集會等「公共距離」，長達360公分以上。

而與職場上的同事或客戶談生意或是聚會的「社交距離」，則大約是120公分到360公分。

親近的朋友、熟人、同事等「個人距離」，約45公分到120公分左右。

而如果是像家人、愛人、特別親密的朋友這種親密關係，其「私密距離」就算是45公分以內也能允許。

保有這個範圍以上的距離，彼此都會覺得舒適。

這些距離始終都只是個參考標準，所以更進一步接近會不會有問題，必須觀察對方的情況來判斷。

尤其當對方是異性時，有時生理上會覺得「這個人我沒辦法接受」。所以當對方不想縮短彼此距離時，自己最好也別勉強要拉近距離。

此外，當對方的手勢變大時，我方也要以大手勢來回應。

在市場上，要是老闆做出敞開雙臂的手勢說「今天有這麼大隻的章魚哦！」，你卻只是回一句「章魚是嗎」，對方的尊重需求不被接受，會覺得很掃興。

因為對方想以手勢表達的是章魚的大小，就算你想買的是烏賊，不妨還是暫時先接受對方的尊重需求，以比出大小的手勢回一句「這麼大的章魚是嗎！」，對大章魚表現出共鳴。之後再詢問有沒有烏賊，這樣會比較好。

手勢對於沒這種習慣的人來說，會覺得很誇張，感到難為情，但只要慢慢採用，就能很自然地做到。

⑤服裝

服裝也算在非語言表現中，有人或許會覺得有點突兀。不過，穿怎樣的服裝，具有視覺上的影響力。

而且與對方面對面，第一個映入眼中的便是整體的姿態。這時候穿怎樣的服裝，給對方的印象會有很大的不同。

因此，服裝也是重要的非語言表現。

需要能呈現出角色設定的服裝

舉例來說，原本重要的約會預定要到漂亮的餐廳用餐，但要是對方穿著一件嚴重磨損的卡其褲，搭配一件印有迷幻圖案，實在稱不上時尚的寬鬆T恤，就此現身，你覺得如何？

此外，要談一場金額龐大的生意，對方的業務負責人要是穿一件縐巴巴的西裝，配上一條鬆垮垮的領帶登場，你應該會心想「這個人會認真負責這次的交易嗎？」，而感到不安吧。

服裝會對當事人的角色設定帶來很大的影響。

舉例來說，史蒂夫．賈伯斯以一身牛仔褲搭黑色T恤的裝扮做簡報時，會讓果粉情緒激昂，心想「果然史蒂夫．賈伯斯就得這樣才對」。

但政治人物就算崇拜賈伯斯，在大文化廳裡的演說以同樣的裝扮登場，談論稅制，出席的那些上了年紀的支持者們可能會心想「政權交給這麼隨便的人，真的沒問題嗎？」，而感到不安。

我們可以說，每個人都需要能呈現出自己角色設定的服裝，以符合各自的社會身分和周遭期待。

「不不不，人是靠內在取勝」，或許有人會這樣說。的確，最後還是看重內在。

但好不容易擁有過人的內在，卻因為區區的服裝而打壞給人的第一印象，對方可能在知道你過人的內在之前，就已經不搭理你了。

如果已經被世人認定是成功人士，功績也受到認同，或許給人的印象就不會受服裝的好壞左右。但除了這種極少數的特別人士外，最好還是要重視自己的服裝和外表，這樣能縮短傳達自己想法的時間，推動事務會更順利。

而一般世人所認識的服裝也很重要。

舉例來說，如果是因找工作或換工作而參加面試，還是穿西裝比較保險。

刻意冒險穿奇裝異服去面試，我無法全面否定這樣的做法，但我敢說，這會有很高的風險。

此外，如果是醫生，只要穿上白袍，就能給患者安心感。如果一位身穿運動服的醫生說「我來動手術」，你應該會心想「這位醫生沒問題吧？」，而感到不安對吧？

服裝是能傳達許多資訊給對方的強力手段。

藉由遵照穿著要求，來回應對方的尊重需求

應該照對方想要的服裝來穿著的場面，以對方告知穿著要求的情況最具代表性。

對方提出的穿著要求，表現出對方的用意；所以無視這樣的要求，就如同無視主辦大會的目的及對方的用意。

對方提出穿著要求時，遵照穿著要求，便算是回應對方的尊重需求。

舉例來說，如果對方指示，參加耶誕派對請務必穿上耶誕代表色的紅色或綠色服裝；就算你無法專程去買，至少插在口袋裡的手帕也要選用紅色，以配合派對的用意，就以服裝來表示自己參加派對的意願吧。

如果受邀參加一場活動，對方沒提示穿著要求，但不知該穿什麼服裝才好時，不妨向主辦者確認吧。

在日本，覺得服裝是一種自我表現的意識，比歐美來得低。為了融入環境，會想挑選比較安全的服裝，而容易產生「姑且就穿這個服裝吧」的想法。

不過在歐美，人們認為服裝是一種自我展現，所以會為了展現自己的特色、品味、社會地位，而挑選衣服。**他們十分了解服裝能管理自己給人的印象。**

舉例來說，美國人參加派對的畫面之所以會美得像畫一樣，是因為每個人都遵守規則，同時展現出自己的特色。因為保有對主辦者以及出席者的一分尊重。

話雖如此，在日本還是要求人們穿保守的服裝，所以只要在一般人能接受的穿著範圍內，選擇能呈現自己的價值觀、主張，以及身分地位的服裝，這樣就行了。

和人見面時穿的服裝也是一樣。

這同時也發出一種訊息，這不光只是為自己而穿，也是為對方而穿。

舉例來說，朋友第一次介紹她的男朋友時，男方穿著白色T恤出現在約見面的地方。

- 上頭清楚印有大家一眼就能認出的名牌LOGO
- 上頭印有卡通人物圖案

● 上頭寫著大大的毛筆字「鬥志」

在這三種情形下，男方給人的第一印象會有什麼不同？

從他的服裝上能感受到怎樣的尊重需求？

因為會從這樣的印象展開交流，所以想必連談話內容都會跟著改變。

服裝的自我主張固然也很重要，但考量對方的想法也很重要。

⑥ 時間

時間也是很重要的非語言表現之一。

舉例來說，如果你與人約好時卻遲到，你就會給人散漫的印象。

或者對方會判斷你很輕視他寶貴的時間，甚至認為你瞧不起他。

因此，放人鴿子會給人很不好的印象。對方可能會當作是自己的存在遭到否定。

相反的，要是對方知道你提早三十分鐘抵達等他，應該會很高興，覺得你很尊重他。

只要事先保有「尊重對方」的心態，就不會隨便遲到，能認同對方的價值。

在見面前就已開始的交流

此外，交流所用的時間，並非只有現在進行中的時間。實際上，在和對方見面前，就已開始。

舉例來說，來聽我演講的客人，可說是從看到我的宣傳傳單或網站的那一刻起，便已開始展開交流。

有怎樣的外表、怎樣的經驗和實際功績、在社群網站上的活動狀況等等，從確認這些事項的階段開始，客人就已經開始對我產生印象。

並想像我實際在演講時會講怎樣的內容。

來到演講當天，實際看到我走來後，與之前他們腦中所想的印象差異，會成為新的印象，取代舊有的印象。

例如比想像中來得高，或是表情看起來比照片中還嚴肅等等。而開始演講後，或許會覺得聲音比想像中來得低沉，或是沒想到講話語速這麼快等等。

印象是浮動的，對客人來說，我給人的印象在實際見面前的這段時間已經建立，而在實際見面後，時時刻刻在改變。

此外，交流需要的是準備和心態。用在交流上的時間非常重要。

在談生意前，假設你在電梯裡與之後預定要談生意的對象剛好搭同一班電梯。

這時，要是你沒對今天預定見面的對象做好交流的準備，可能會很慌張，或是氣氛尷尬。

但如果想說的話已經事先準備好，在電梯偶遇的這段時間，便能有效地活用。

在業務方面展現過人成果的商務人士說，他們往往都認為「只要是進入自己視線範圍內的人，都可能是客戶」。他們一直都謹記在心，不浪費能獲得交流機會的時間。

就像這樣，自我實現目標設得比較高的人，不想放掉任何機會，總是會做好能回應對方尊重需求的事前準備，絕不鬆懈。

不錯過機會的時間使用法

因此，用來回應對方尊重需求的時間，指的是為了充實與對方的交流，而活用在準備上的時間。

前面提到的遲到，以及提早抵達等候，也是以時間的使用方式來表現自己多尊重對方。而在實際與對方見面時，要採取怎樣的交流，只要花時間去準備，對方也會覺得「啊，他為了和我見面，特地花時間準備」，而感受到你對他的尊重。

我在前面商務人士的例子中提過，為了讓自己能在不管何時何人帶來機會的情況下都能好好把握，善用時間相當重要。

就像這樣，懂得活用時間的人，不管在哪裡，都能呈現出「隨時都能找我談哦」或「我已準備好，和任何人都能相處融洽」的氣氛；也就是說，敞開心房的狀態作為非語言表現，也能讓周遭人感受到。

所以這樣的人比較容易得到各種機會。

而實際來到與人交流的階段後，要留意做好對方與自己的說話時間分配。

提供多少時間給對方說話，也算是用非語言表現來回應對方尊重需求的方式。

可以設定成對方說話的時間六成，我方說話的時間四成，以此作為參考標準。

而就內容來說，目標是對方九成，我方一成。

當然了，當對方很投入，有很多話想說時，就算增加對方說話時間的比重也無妨。要讓對方聊得愉快。

不過，我方也別忘了非語言表現以及附和，讓對方知道「我可不是隨便聽聽哦，我很認真在聽」。

如果目的只是想討對方喜歡，那就徹底當個聆聽者吧。

不過，如果想加深彼此的關係，也請說說你自己的事。

為了加深彼此的情誼，你自己也要敞開心房，說出你想說的話，這點很重要。因為必須充分了解彼此。

關於這點，不妨隨著決定目的方式，來區分使用吧。

⑦沉默

語言表現如果不是刻意發話，便無法實現。但非語言表現則和自己的想法無關，會自己傳達給對方。因此，什麼話都沒說時，也會當作「沉默」來表現。

首先，我們先來確認沉默有兩種。

沉默的種類

沉默有兩種。

一是照自己的意思「刻意製造沉默」。

向對方表達敬意、給對方時間思考，或是被問到自己不想回答的問題時，用來表示不予置評的意思、忽視、「這話題就到此結束吧」的暗示，或是以非語言來表現自己的不悅或滿足感。

這種刻意的沉默，是自己製造出的沉默，所以能自己讓它結束。

舉例來說，你為了給對方時間思考而沉默，就算結果造成對方思考的時間過長，或是沒有反應，只要你想停止沉默，都能自己結束這場沉默，或是說一句「那我們改換下個主題吧」，切換話題。

沉默是能有效使用的技術。

但另一種沉默則是「非刻意產生的沉默」，在無預期的情況下發生。

因為驚訝、困惑、不安、緊張、憤怒、意見不一致，而產生沉默，有時還會使得與對方之間的關係顯得尷尬，或是現場氣氛變得沉重。

換句話說，「非刻意產生的沉默」，很多都是對非語言表現置之不理的情況。

沉默本沒錯。

舉例來說，接獲驚喜時產生的沉默，這是難掩意想不到的驚喜所展現的非語言表現，在場的每個人看了應該也會發出會心的微笑吧。

反過來說，如果完全沒沉默，馬上便回應一句「嘿嘿，我早料到了」，對方想必會大失所望吧。

孩子在發表會站上舞臺，想要說些什麼，但因為緊張而說不出話來，在這種沉默下，孩子努力想要說話的姿態，以非語言表現顯露出來，會很想替孩子加油。

使用沉默

不過，對偶然發生的沉默視為畏途的人也不少。

舉例來說，在電梯裡碰巧遇上不是那麼熟的上司或同事時，彼此都不說話的沉默令人尷尬。

這時候要是有第三者一同搭乘，保持安靜才符合禮儀，所以不會尷尬，但要是只有認識彼此的兩人搭乘，馬上就顯得尷尬。

這時候重要的是對話的目的與沉默的目的。

如果自己和對方都處在不受尊重的狀態下，挫折感（不舒服的緊張感或是不安和不滿）就會化為非語言表現，傳達給彼此。

沉默時，心態會以其他非語言表現流露出來，例如身體，或是表情。

從非語言表現來觀察對方的心態，當你感覺出對方要想事情，或是想欣賞從電梯望出去的景致時，就拿出自信，尊重對方，你自己也切換成享受沉默的心態吧。

如果感覺到對方也想和你有交流時，就要想起對話的目的是「想和對方拉近關係」，自己主動以笑臉和對方攀談吧。

如果不看對方的情況，只是在腦中想著「真討厭，這門怎麼不早點開呢」，你的心態將會傳給對方知道，而變得更加尷尬。

如果想回應對方的尊重需求，就算發生意想不到的事，也要好好觀察非語言表現，這點非常重要。

要視情況善用沉默。

活用沉默

或許有人會認為「就是因為沒話說，才會沉默」。

不過，我們知道會有非刻意的沉默發生。

正因為這樣，事先做好準備，以備隨時都能使用沉默，這點很重要。

而明確知道對話的目的和沉默的目的後，就試著加以活用吧。

要是出現非刻意的沉默，便觀察對方的情況。

要清楚看出對方是想要思考，還是想要溝通。

如果判斷對方覺得要溝通也行，可從觀察得來的資訊中，挑出正向的內容，主動跟對方說「看你很有精神呢」或是「你心情很好呢」。

不過，要突然從沉默中談自己的事，會感到排斥。

因此，不妨問對方「遇上什麼開心的事嗎？」，對對方的尊重需求產生影響力吧。

此外，當話題談完，就此沉默的時候，對方不會感到不悅，不妨選個正向的話題，試著跟對方搭話吧。看對方的情況，如果感覺對方很想結束話題，可以說一句「那我們走吧」，也可以告訴對方，你覺得和他談話很開心。

如果感覺對方還想繼續聊，或許也能改談自己的事。

該注意的沉默

而「刻意安排的沉默」，在使用上有其該注意的事，那就是自以為對方會猜出你不想說的回答。

一種是交由對方去猜測的沉默。這可分成刻意不說出反對意見，藉此表示同意的沉默，以及反過來，沒開口同意對方的說法，藉此表示反對的沉默。

因為若不以語言表現明確地傳達，對方就會順著自己的意去解釋眼前的沉默，所以你的意見有可能會被解讀成相反的意思。

日本有一種「心照不宣」的文化，意思是「我不必刻意說，你也猜得出來對吧」；但今後的時代得和各式各樣的人溝通，想要對方猜出你的想法，最好還是別對此抱持過高的期待。

而另一種情況，是因為「非刻意下產生的沉默」，而刻意不回答的情況。

這是因為會對對方失禮，或是預料到說出口之後會惹人厭，所以才沉默的情況。

舉例來說，平時覺得「這個人做事很沒效率」的對象，突然向你詢問「我做事很沒效率對吧？」，你心裡想「沒錯」，而就此沉默的情況。

你明明發現對方是希望你說一句「才沒這回事呢」，但你不想說謊，也不想傷害對方，更不想惹對方討厭，就此心中產生糾葛，處在所謂的凍結狀態，就此沉默。

像這種情況，平時就要建立能包容對方的心態，這點很重要。

例如被問到這種難以回答的問題時，不妨就將對方為何會做這樣的提問當作事實，完全接受它吧。

而為了與對方產生共鳴，不妨向對方確認問這個問題的用意。例如「你為什麼會這樣覺得？」、「你自己這麼覺得嗎？」、「你覺得我會這麼想是嗎？」。

之後再說一句「你是不是有什麼困擾？」、「如果我的態度冒犯了你，我很抱歉」，這樣就能進一步深談了。

而最需要注意的一點是，在美國，課堂上的沉默或是會議中的沉默，會被視為沒有參加的意願、沒有幹勁。

提出現場所需要的點子或意見，這是最低條件，而你有沒有心要貢獻，人們也隨時都看在眼裡。

在日漸全球化的日本，有話刻意不說的沉默文化，有時會造成負面影響，這點請牢記在心。

終章

美國的中學生學習的「説話技巧」

實踐篇

在第一～三章我們學習了「美國人的說話技巧」三大主軸。

之前為了有系統地學習「美國人的說話方式」，我刻意分別學習這三個主軸，但在實際的溝通場合中，這三者同時都需兼具。

在實際的場合中，要整頓「心態」，同時運用「語言表現」和「非語言表現」，以實現充滿魅力的說話方式。

像「雜誌、日常對話」、「交涉」、「說明」等，要如何依照各種場合同時活用這三大主軸呢？

接下來就展開實踐練習吧。

SECTION 1

美國的中學生學習的「閒聊、日常對話」的規則

在第一～三章，我們談到了整頓說話的心態，以語言表現和非語言表現來回應對方尊重需求的方法。

而在作為實踐篇的終章，我們就針對閒聊、日常對話、交涉、說明、引來共鳴的說話方式，以及演講和簡報的各種規則，來展開學習吧。

實踐篇的一開始，我們在閒聊和日常對話上確認其目的為何，接受對方，針對以語言和非語言來表現的規則來學習。

STEP 1 目的＝變得熟識

首先要看心態。

話說回來，為什麼要展開閒聊和日常對話？

先從讓目的明確化做起，整頓心態。

在不同的時候，每個人都有其展開閒聊和日常對話的目的。

想以社會上發生的各種話題來炒熱氣氛、想確認彼此的近況，或是想一起共享某人的傳聞、想針對高尚的主題展開討論，或是針對共同的嗜好展開資訊交流、對彼此工作的辛苦產生共鳴……

但這些目的背後更大的目的，不就是「**想建立良好的人際關係，彼此變得熟識**」嗎？

就算是從「早安」、「今天天氣不錯呢」、「最近過得好嗎？」這種安全的問候展開的閒聊或日常對話，其目的也是要與對方建立良好的人際關係，對這點有明確的認識，便會發現這是很重要的溝通。

就像這樣，重新認識「變得熟識」是真正的目的，調整好心態後，再往下一步「接受對方」邁進吧。

STEP ❷ 接受對方

閒聊和日常對話的目的是「變得熟識」。

為了與對方變得熟識，就必須展開對方會喜歡的溝通。

不過，談話的對象擁有各式各樣的背景。

因此，STEP②要「接受」這各式各樣的人。

要接受各式各樣的人，必須尊重對方，做好能抱持共鳴與對方應對的準備，同時以語言和非語言來接受對方。

接受多樣性

對話的對象是和自己不一樣的人，所以嗜好不同，成長的環境也不一樣。

信仰的宗教不同，工作也不同。熟悉的領域也不同，個性也不同。

此外，就算我方想和對方變得熟識，但對方或許不這麼想。

包含這些事在內，全部都得接受，要有這樣的心態。

為什麼接受多樣性很重要？

不管你有沒有自覺，要是你自己認定「我的對話對象就應該是這樣」，便和大部分人都無法展開讓彼此變得熟識的有意義溝通。

這感覺很理所當然，但大部分都會在不知不覺間期待對方擁有和自己一樣的想法、感性、行動模式。

但對方和你擁有不同的人格，而且每個人都不一樣，如此理所當然的事，如果沒重新接受它的話，要展開與人變得熟識的對話可沒那麼容易。

出門倒垃圾時，會與住同一棟大樓的人擦身而過，你很親切地向對方說「早安啊」，但對方卻沒回應。

因為這樣一件小事，你整天都不愉快。

基於「他忽視我」、「他故意不和我打招呼」等臆測，而自行認定是對方不對。

這是因為你無法完全接受「我跟他打招呼，他不理我」的事實。

儘管只是打聲招呼，你心中也抱持期待，認為對方應該會和你一樣笑臉相迎，回一句「早安」對吧。

是像這樣自我認定，而展開溝通，還是不管對方怎樣問候都會接受，而展開溝通，這會有很大的差異。

如果是「想變得熟識」，得做好接受多樣性的心態，要正向看待對方，避免擅自生氣。

接著會心想「這個人是不擅長和人打招呼嗎？」、「他無法跟人打招呼的原因是什麼？」、「難道他在整我？」，在腦中浮現正面和負面的臆測，但這時候重要的是別自我認定。

總結來說，**你要對對方抱持期待是無妨，但你擅自認定對方的想法，就是「無意接受對方」**。

為了建立良好的關係，想要強行改變對方，這並非明智之舉。

將焦點放在接受對方的一切，這才是自己能做到的唯一自由。

因此，需要有全力投入接受多樣性的態度。

開始接受後，就能為了與各種人變得熟識而展開對話。

說到接受多樣性，往往會以為是接受外國人，但儘管同樣是日本人，一樣具有多樣性。

因此，必須留意接受多樣性。

或許有人會覺得「這我早知道了」，但在日常生活中，有時會因為一些小事而無法接受對方。

舉例來說，妻子將長髮剪短，覺得自己年輕許多，心情愉悅。妻子滿心期待丈夫發現這點，出言誇讚。

但丈夫一副渾然未覺的模樣，只顧著吃飯。

妻子心裡想為什麼他一直沒發現，不出言誇讚呢，為此感到失望，覺得丈夫對自己漠不關心，心頭煩躁，而開始對丈夫宣洩不滿「你總是這樣。回家後要先發現妻子有哪裡不一樣，這才是夫妻該有的樣子啊」。

妻子自行認定「你應該發現我剪髮」，而對沒發現的丈夫生氣。

但就算丈夫一如她的期待發現她剪髮，如果只說一句「妳剪髮啦！」，按照事實陳述，妻子想必也會不滿。

妻子因剪髮而開心，儘管丈夫心想「妳剪髮了，不錯啊」，有共鳴感，但只要不能照妻子的期待說出該說的話，妻子想必會向他逼問道「就這樣？」、「你就沒別的話好說了嗎？」。

因此，要是這時講一句「啊，這和妳的年紀很不搭耶」，與妻子期待的誇讚不同，妻子會大感不悅，不斷責怪丈夫，直到丈夫說出她期待的話為止。

也就是說，妻子擅自認定丈夫的行動、情感、該說的話，都有它該有的樣子。

這麼一來，丈夫就不能說出自己真正的感覺或想法了。

因為妻子無意聽丈夫真正的感想。

可以說妻子對於丈夫有什麼感覺、什麼想法，一點都不感興趣。

妻子如果尊重丈夫的話，就不會強迫丈夫要出言誇讚。

要期待對方誇獎是無妨，但對方明明沒這麼想，卻強迫對方要有你期待的言行，這樣應該不會感到開心吧。

如果你的目標是要獲得良好的溝通，妻子必須尊重丈夫，採取接受其一切的態度。

首先，要接受沒發現自己剪髮的丈夫，心想「他也許是對我的頭髮長短不感興趣吧」、「他已經發現了，但可能是覺得沒必要說明感想吧」，努力去理解丈夫。不是生丈夫的氣，而是試著為他解釋。

儘管這樣，如果還是希望他發現，那就試著問一句「我剪頭髮了，你覺得怎樣？」吧。

這時候要怎麼說，是對方的自由。所以要先拿定主意，不管對方說出怎樣的意見，都不生氣。

丈夫未必會照妳的期待誇讚妳。

就算丈夫說「感覺變老了」，妻子也要接受丈夫的感覺，這才是尊重對方的意見。

直接接受對方的想法和感覺，有時會受傷，需要勇氣，但如果能尊重對方，接受對方，就能建立良好的關係。

保有柔軟的心態

接受多樣性，保有這樣的心態，是不管對方展現怎樣的態度，說了什麼話，也不會沮喪或生氣的心理準備。

在打排球時，對方可能會扣球，也可能只是輕輕打回來，但我們都要做好自在接球的準備，這種態度就是溝通上所說的接受對方的態度。

就像剛才提到的問候一樣，對方可能不會回應。

「就快要黑色星期五[11]了！」儘管你這樣說，但對方可能露出一副「那又怎樣？」的表情，顯得很不感興趣。儘管如此，只要先預想到「這世上就是有各種回應方式」，就不會生氣了。

話雖如此，有多少人就有多少的多樣性，所以一開始想必還是會遇上預想不到的態度和言行。

不過，試過幾次後，就能達到某種程度的預想，就算是預想不到的情況，也能看作是對方的特性，而漸漸覺得「原來如此，有意思」。

學生時代的同學L，睽違十年打電話給K。因為以前L總是都以居高臨下的態度和K說話，K很怕她，所以K懷著「為什麼打給我？」、「真討

11. Black Friday，中文又稱作「黑色購物節」，是美國感恩節之後的星期五的非正式名稱，也是一年中各個商家最看重兼最繁忙的日子之一。

厭」的念頭接起電話，結果L說「請妳教我阿拉伯語」。「竟然會來拜託我」，一位以前覺得不可能變熟的同學竟然提出請求，K深感驚訝，但因為對方說「我從以前就感興趣，只是不敢說」，K心想，原來她這麼看重我，突然覺得開心起來。

我們往往會認定以前認識的人還是會跟以前一樣。

每個人不一樣，外貌會改變，在有過各種經驗後，想法會成長，感覺也會變得不一樣。

不見得現在仍舊和以前一樣。

K因為接受了以前很怕的L，人際關係重啟，就此和L成了好朋友。

此外，像是看到眼前有位穿著簡樸的西裝，感覺很老實的人，便隨口向對方問道「您好，請問社長在嗎？」，結果對方回答「我就是」，因為認定社長往往都是穿著高級的服裝，感覺威儀十足，結果就此大出糗。還有，一位向來都提出麻煩請託的人，某天主動搭話，於是心想「哇，又有麻煩事要上門了……」，擺出防備的態度，結果對方帶來了好消息，就此對自己的擅自認定深切反省。像這些擅自認定的案例，是時有所聞的事。

此外，也可能會因為擅自認定別人，而在談話途中惹怒對方，或是傷害對方。

完全沒發現自己有擅自認定的情形，這也是常有的事。

「我沒這個意思」，比起這樣替自己解釋，不如心想「啊，我好像說了什麼不該說的話」，先接受事實，再試著聽對方說。

現實世界中的人們，會展現出各種態度或言行，所以要擁有想和對方變得熟識的目的，不保持擅自認定的意識，你接受對方的器量也會愈來愈大。

以語言、非語言來接受對方

要接受多樣性，得尊重對方的意見或感受，作好接受的準備。而所謂接受的準備，有時是在語言的情況下，有時是在非語言的情況下。

而語言和非語言在大部分情況下是同時表現的，但有時是只以非語言表現。

以前面的例子來說，儘管你問候一聲「早安」，但對方不發一語，沒採取語言的表現，而是板起臉孔，以不悅的態度來表現他的情感。

不管怎樣，閒聊與日常對話的目的是要「與對方變得熟識」，所以在接受對方時，得特別留意，要盡可能將焦點放在正向的部分，如果沒有正向的要素，就將它轉換為正向。

舉例來說，婆婆一臉負面的表情，跟自己兒子說話。說她帶著今天早上剛從田裡採來的蘿蔔去給媳婦，媳婦收下蘿蔔時說了一句「下次請不要拿帶土的蘿蔔來」，婆婆聽了很生氣。婆婆說「這媳婦真不討喜」，兒子回了一句「是啊，她可能是在跟媽媽妳撒嬌吧」，暫時先接受母親的說法，再給予正向回應。

既然目的是要「讓人際關係變好」、「變得熟識」，比起追求負面的

事，發現正向的一面，切換到正向的話題，顯得更為重要。

當然了，對負面的事有共鳴，也能縮短與對方之間的距離，但這種負面的共鳴若任由其發展，很容易連自己也時常擁有負面的情感。

常見的情形，就是每次下班到外頭喝酒，總是對說上司或公司壞話的人產生共鳴，結果連自己也對上司或公司抱持負面情感，就此受到影響。

因此**要多留意，就算是負面的表現，也要以正向的表現來回應。**

這不論是在語言上，還是非語言上，都同樣可以這麼說。

STEP ③ 以語言、非語言來表現

接受對方的多樣性後，接著要以語言和非語言來表現，以回應對方的尊重需求。

語言要正向，非語言加以配合

接受來自對方的語言和非語言的表現，如果對方的表現不論是在語言還是非語言上都很正向，就以正向的語言和非語言的表現來回應。

但如果語言和非語言都是負面時，語言要以正向回應，非語言則是配合對方的情緒，此乃其要訣。

舉例來說，如果對方用負面的語言說「那個人不可原諒」，同時以負面的非語言嘆了口氣，你就要暫時先接受它，用語言正向地回答他「原來你對那個人有這麼強烈的情感啊。我們一起來思考解決辦法吧」，同時在非語言方面，要配合對方的情緒來表現。

這給人的感覺，就像表情和聲調要更貼近對方的情感一樣。

如果這時候連表情和聲調都做出開朗的回應，對方見你沒對他產生共鳴，或許會覺得落寞。

因此，表情和聲調這類的非語言雖然要配合對方的情緒，但在語言上則要回應一句「我們一起來思考解決辦法吧」。

要是對方身子前傾，說出負面的話，我方也要以非語言表現來配合其前傾姿勢，但唯獨話語要改為正向來回應。

除此之外，說話的起伏和速度，也要盡可能配合對方。

總之，以非語言配合對方，這點很重要。

這時候要是連語言都配合對方，就會淪為說別人壞話，或是一場負面的對話。

就算沒用語言來配合，還是以在接受方式上比重較大的非語言來配合，對方會覺得得到共鳴，應該不會覺得不舒服吧。

此外，與對方的關係性也要注意。

舉例來說，當上位的人誇獎你「剛才發表得很好哦」，你雖然要用敬語很謙遜地說一句「謝謝，我得到很多練習的時間，所以才能展開綿密的準備工作」，但聲調和表情的非語言，要配合對方有開朗的表現。

不管做什麼事，時間、地點、場合都很重要。

在開始說之前，要加上「啊」、「噢」

在開始說話時，會使用怎樣的叫喚用語呢？是否總是都固定用同樣的話語呢？

加上「我說」、「喂」、「喏」等等叫喚用的感嘆詞、感動詞，能給對方一個「好了，我要開始說嘍」的訊號，可給對方時間做好仔細聆聽的準備。

因此，對對方來說，在心情上感覺會比較從容，不會覺得不舒服。

搭話

此外，感嘆詞、感動詞對於在短句中加入自己的情感，或是傳達情感的變化，很有幫助。

和人搭話時也一樣，看到某人而想起自己想傳達某件事，而開口說「○○先生，可以跟你說件事嗎？」時，要將（啊，對了）這樣的心聲濃縮成一句「啊」，刻意發出內心的聲音說一句「啊，○○先生，可以跟你說件事嗎？」，向對方傳達「現在才想起來，突然跟你說這件事，真是抱歉」。

此外，叫喚同樣也能傳達情感。例如一看到對方時，喊一聲「咦?!（驚訝）」、「咦？（疑問）○○先生？」、希望對方注意自己時，喊一聲「喏（高興），看這邊」、「喏（生氣），看到了嗎」。

回答

在回答時，若加上「嗯～」、「呃」、「這個嘛」等感嘆詞、感動詞，以「嗯～原來也有那種模式啊」、「這個嘛，可以讓我思考一下嗎？」這樣來說，就能讓對方知道現在是你的思考時間，或是選擇措辭的時間。

偶爾會有人面對對方的詢問，一時想不出答案，而陷入沉默。

就算這是因為感到不安或緊張，在忙著整理腦中的資訊，或是一時被氣勢震懾，在探尋對方的反應，這段時間才會陷入沉默，但對方無從得知你的原因。

因此，這會變成一場不自然的溝通，對方會感到納悶，心想「我惹他生氣了嗎」，而心生顧慮，所以要有意義地加以善用。

在回答時，也要發出（哦，真令人吃驚）這樣的心聲，說一句「哦，原來變成這種情況啊」，藉由加入「哦」，可以清楚明白地傳達出情感。

叫喚或是回答一開頭所用的話語，有「啊」、「咦」、「哦」、「嗯～」等等，可以想到許多。

不過，要是每次說話時都加的話，會覺得膩，所以只要在換自己說話時的一開頭加上即可。

此外，一些刻意說出口會讓人覺得難為情，或是感覺很像在說明，而令人感到掃興的事，用這些話語可發揮省略的功能。

舉例來說，當你說「今天能在這個地方遇見你，真高興」，感覺太一板一眼，會產生一種見外的距離感，但如果將說明的部分用「哇」來省略代替，說一句「哇，見到你真高興！」，就能大幅拉近距離，增加彼此的親密感。

而在加入「啊」、「咦」這些用語時，非語言表現會更加表現出感動、感謝、感嘆的心情。

讓對方看你的「心窩」

你在閒聊或日常對話中，都擺什麼姿勢？

是否會視情況而定，而擺出各種姿勢？

舉例來說，一遇上對方就展開對話時，你們或許會身體面朝彼此想去的方向，只有臉朝對方進行對話，或是在資料架前找資料時，有人從後方跟你說話，你沒轉身，臉和身體仍朝向資料架，背朝對方展開回應。

在日語中，「背對」是一種比喻，用來表示不感興趣或拒絕的這種行為。

這與肯定的溝通態度形成對比，是表示斷絕彼此的關係，所以要多留意。

相反的，日語的「露肚子」，是動物向對方表示自己毫無警戒時露肚子的比喻，指毫不隱藏自己的內在情感、意見、意圖，是一種表示信賴的態度。

另外，「敞開心胸」這句話，則表示不隱藏真心，坦白說出自己的想法和情感，「挺起胸膛」則是表示擁有自信的率直。

這些全部合在一起，將心窩朝向對方，便會展現出「這是接受你的姿態哦」、「我很信任你」、「這是開放的狀態」、「我以自我為主軸」這樣的非語言表現。如果目的是要與對方「變得熟識」，這時請採取將心窩朝向對方的姿態，展開對話。

想將心窩朝向對方，必然全身就會朝向對方，姿態也會變好。

心窩朝向對方的姿態，人稱「信任的訊號」，對於展開心靈的溝通非常有效。

這時，雙手處在張開的狀態，與對方展開眼神接觸，是其基本原則。

不過，重要的是要以敞開的心態面對對方。

舉例來說，儘管你以心窩面向對方，但要是抱持「真想早點離開這裡」的心態，雙腳便會不自主地朝向大門，而且對方會感覺出你的不自然，所以要多加注意。

SECTION 2

美國的中學生學習的「交涉」規則

前面提到用來與對方變得熟識的閒聊、日常對話的規則，接下來要學習「交涉」的規則。

STEP 1 細分目的（＝要求）

和進行閒聊、日常對話時一樣，首先是心態。

讓交涉的目的明確化。

在日本，少有學習談判的機會，所以就像人們會有「非交涉不可」的這種說法一樣，覺得自己不擅長交涉的大有人在。

舉例來說，希望提高薪水，或是請提供材料的業者降低進貨價格的交涉等，都是很不願做的麻煩事。

因此，我首先想告訴各位的是，交涉並非只有競爭。它並非只是一種爭輸贏的行為。

既然目的是要「與對方變得熟識」，交涉就該提出彼此雙贏的最佳辦法，達成共識。

而且在日常生活中，其實很頻繁地進行交涉。

一說到交涉，給人的印象是工作幹練的商務人士為了在市場上生存，而對敵方企業的負責人展開攻防。

的確也有這種交涉，但其實它更為常見，而且每天都會上演好幾次。

舉例來說，朋友傳訊息到你的手機裡，上面寫到「今天下午五點在池袋見面吧？」，對此，你回了一句「不，改到下午六點吧？」，這種不經意的對話，也算是交涉。

但大部分人沒有這樣的認知，不覺得這種日常的對話是交涉。

因此，請先有這樣的認識，了解這種日常的對話就是交涉。

孩子問父母「我作業寫完後，可以玩電玩嗎？」，以及哭叫「買給我！」，這也都是交涉。

尤其是以「和對方變熟識」為目的時，要以合作的談判為目標。

所謂合作的談判，是用來讓彼此的利益最大化的交涉。

不是為了決定勝負而交涉，而是探尋彼此能利害一致的解決方法。或是為了彼此都能各退一步，達成共識，而展開交涉。

許多人會覺得自己「不擅長交涉」，是因為覺得交涉只是為了決定勝負。由於想到有人會輸得一敗塗地，就心情沉重。

這種講求競爭的交涉，目的只鎖定在對方接受自己的要求，所以為了贏得某個限定的目標，不擇手段。

隱瞞對自己不利的資訊，朝對方的弱點施壓，完全不顧慮對方的感受，也完全不去考慮日後與對方的關係。

在講求競爭的交涉下，能想到兩種立場。

一是積極交涉的立場，這是占有絕對優勢者的交涉方法。父母對孩子說「如果你不這麼做的話，我就不買這個給你」，完全不考慮孩子的意見，單方面地將要求強加諸在孩子身上。

此外，企業利用自己是買方的優勢，對進貨廠商說「你要是不降價的話，我就跟別家買」，展開單方面的降價交涉。而居於弱勢的業者，只能很不情願地配合降價。

二是進行被動交涉的立場，如果不自己讓步，交涉便無法成立的情況。在這種立場下，為了不與對方對立而損害彼此的關係，就算自己會蒙受損失，也同樣接受對方的要求。

若以前面的例子來說，相當於是被要求降價的弱勢業者。在講求競爭的交涉下，總是以當下的短期利益為優先。如果是前述的業者，會害怕失去交易客戶，而答應降價。以長期來看，或許是損失，但還是非答應對方要求不可。但如果目的是「與對方變成熟識」，便會展開合作的談判。

在美國，有許多學習談判的機會。其中，會學習最理想的談判，也就是促成彼此雙贏的合作判斷。而要展開合作的談判，需要擁有擴展視野的心態，對自己的要求清楚明確，並加以細分。

舉例來說，想和朋友在漂亮的餐廳用餐，是你的要求。但朋友卻想選便宜的餐廳。

彼此都想去同一家餐廳，**像這種限定的事物別太執著，先保留讓步的空間，彼此提出備案，這點很重要。**

不是彼此提出限定的要求，而你列出漂亮餐廳的名單，你的朋友也列出便宜餐廳的名單吧。

STEP 2 對要求做出優先順序

將彼此的要求列出名單後，接著對你的漂亮餐廳排名依照價格便宜的順序重新排列，你的朋友則對便宜餐廳排名依漂亮度重新排列。

從中挑出你和朋友都能互相讓步的店家。

這就是合作的談判。

STEP 3 詢問，觀察，掌握對方的優先順序

在前面的步驟提到列出自己要求的排名，但在目的是「和對方變得熟識」的合作談判下，也必須掌握對方的要求排名。

為此，**需要展開對話，好從中推測出對方要求的優先順序。**

以前一個步驟的例子來說，不妨詢問對方覺得選擇便宜的餐廳一起用餐比較好的原因為何。

然後再詢問所謂便宜的餐廳，預設的價格範圍大概是多少。

一旦知道後，便與自己列出的漂亮餐廳排名對照，有交叉的餐廳應該就能成為兩人達成共識的最佳選擇。

當然了，找出最佳選擇後，仍要繼續交涉，那也無妨。

比如對方要是加上怎樣的條件（例如有可以單杯點的紅酒，或是能前往平時去不了，採會員制的場所），就願意稍微提高餐廳的價格；而你在怎樣

的條件下（例如店裡有一段充滿文化性的故事，或是擺盤有獨創性），能放寬對漂亮的堅持。

STEP 4 了解「理由」，並說出來

清楚彼此的優先順序後，你要努力理解對方提出這種優先順序的原因。如果單純只是知道優先順序，無法明白對方背後的心思；視理由而定，會明白對方不可能再讓步。

也許對方心裡想，如果是義大利菜的話，這樣的金額是上限，但如果是法國菜的話，還能再調高一些。

接著你必須針對自己為什麼會採這樣的優先順序做一番說明。

這時候也要尊重對方的想法和情感，尊重對方來說明，絕不能採取堅持己見的說話方式。

理解對方後，自己也要提出主張。

千萬別還沒理解對方，就一味地提出自己的主張。

這時候要注意，別一時太專注於交涉，而一不小心淪為競爭性的交涉。

你可能會在不知不覺間表現出以自我為中心的心態，而產生勝負的意識。

在開始交涉後，往往很容易忘記，自己原本為什麼會想在漂亮的餐廳用餐，這點切莫忘記。搞不好還有第三個選項。

舉例來說，如果原本的原因，是想在和平常不一樣、平時體驗不到、很特別的環境下用餐，那麼，找家漂亮的飯店，吃飯店內的Buffet或歐式自助餐，用完餐後，在飯店內的雞尾酒吧小酌，也是不錯的選擇。

因此，如果判斷很難在交涉中達成共識，就回到當初要一起去用餐的起因，討論第三個方案，這也算是合作的談判。

討論第三個方案，其最終目的是「與對方變得熟識」，為了避免忘記這點，不妨快樂地展開交涉吧。

SECTION
3

美國的中學生學習的「說明」規則

前面提到用來與對方變得熟識的「交涉」規則，所以接下來學習「說明」的規則。

STEP 1 目的＝簡單易懂

向對方說明時，我想提醒各位注意的是，在語言表現上展開簡單易懂的說明自是當然，但也要避免在非語言表現上傳達出其他多餘的訊息。

例如想表現得自己很聰明，或是在說明時，覺得自己比聽者更了不起的虛榮心或傲慢。

此外，因為自己是說明的一方，而展開個人秀的自我表現欲。當這種資訊以非語言表現的方式傳達給對方知道後，會讓對方感到不悅，無法達成與對方「變得熟識」的目的。

因此，為了避免讓這些多餘的資訊以非語言表現的方式傳達出去，擁有以對方為主的心態很重要。

說明的目的始終都是要對方能夠理解。要小心別淪為以自我為中心，只是單方面的說明。

因此，必須學習下一個步驟的「以開放問題提問」的方法。

STEP 2 以開放式問題提問

我們一提到說明，是否會在腦中想像成九成是說明者在說，一成是聽者在說這樣的比例呢？

腦中很容易浮現九成是老師在說，一成是聽課的學生回答這樣的畫面。

但在美國展開的積極聆聽態度，則是兩成由老師說，八成由學生說。

他們很重視讓人說出自己明白的事以及理解的事。

說明的目的是要對方理解，所以留意「對方占八成」，由對方來說，就結果來看比較有效率。

像這樣藉由請對方說，逐步確認對方的理解度。

對方或許會對自己還沒理解感到自卑。

這時候要是很直接地問一句「你了解到什麼程度？」，可能會傷了對方自尊。

因此，始終都要抱持像「請告訴我你了解到什麼程度」這種請求的心態。

舉例來說，就算對方詢問「我想了解瑜伽」，也必須先問出對方是想知道瑜伽的歷史、姿勢，還是對健康的影響。

因此，先問一句「想了解瑜伽是吧。你為什麼會感興趣呢？」，如果對方回答「最近我的自律神經出了問題，呼吸變淺，雙手出汗，感覺不太健康」，你便可以說「原來如此，瑜伽對健康的影響令你感興趣對吧」，逐漸明白對方想知道的事。

為了確認對方的理解度而提問時，一定要避免在非語言表現上流露出「你連這個都不知道？」、「為什麼你不知道？」的這種輕視對方的情感。

此外，也不能詢問「你到底是哪裡不懂？」。

在提問時，始終都別忘了保有尊重對方的心態。

而在提問時，基本上要採取開放式問題的形式。

所謂的開放式問題，是無法單純回答「是」或「不是」的提問方式。

相反的，能用「是」或「不是」來回答的提問方式，稱作封閉式問題。

舉例來說，像「你是上班族嗎？」這樣的提問，能用「是」或「不是」

來回答，所以是封閉式問題。而「你從事什麼工作」，無法以「是」或「不是」來回答，所以是開放式問題。

像這樣採取開放式問題，盡可能提高對方說話的比例。

開放式問題是用來展開話題的提問形式，而對此，封閉式問題可說是急著下結論的提問形式。換句話說，能在想早點結束談話的時候使用。

因此，在目的是「想和對方變熟識」的對話下，採用開放式問題，而不是封閉式問題，這是其基本原則。

STEP 3 加以「標題化」

如果透過開放式問題能掌握對方的理解度，就能對對方沒理解的部分進行說明。

這時要將接下來要說明的內容標題化，以作為方便對方理解的做法。

換句話說，一開始就要明確地告知自己接下來要進行什麼說明。

舉例來說，如果要談的是瑜伽對健康的影響，可先宣告一聲「接下來我要針對『瑜伽對自律神經的影響』進行說明」，再開始說。

這麼一來，對方會因為主題變得明確，而做好理解你談話的準備。

如果不告知主題，就開始說，在結論出來前，對方會覺得「他到底想說什麼？」，一直處在暗中摸索的狀態下聽你說。

此外，藉由先宣告主題，如果那不是對方想聽的內容，在開始說明之前，對方也可以先說一聲「不，我想聽的不是這個」，讓我方早點發現自己的誤會。

擅長說明，是由「自信」來決定

將說明的內容標題化，一旦要開始說明時，請拿出自信來說明。

要是沒有自信，將會化為非語言表現，傳達給對方知道，所以對方會感到不安，覺得無法相信你說明的內容。

換句話說，拿出自信來說明，不是為了鼓舞自己，更不是為了沉浸在自我滿足中。

是要能讓對方放心地聆聽，是站在貼心的觀點，很重要的一項做法。

因此，認為「擁有自信感覺很高傲，不太想這麼做」的人，請試著以能讓對方理解為中心，來思考非語言表現吧。

此外，沒自信的人所做的說明，看在別人眼裡會覺得「沒什麼資訊價值」，相反的，有自信的人所做的說明，則往往會讓人覺得「資訊價值很高」。

果然心態還是很重要。

透過手勢，說明的威力升級

拿出自信來說明時，要好好活用像非語言表現的手勢等肢體語言以及副語言。

所謂的副語言，是和語言一起藉由非語言來強化其含意。

尤其是在說明時，手勢用來幫助對方理解非常有效。

比起光用話語說「這裡是重點」，還不如豎起食指加上強調的動作，這樣更容易讓對方明白。

此外，比起光用一句「舉例來說，有A先生和B先生在」來說明，還不如像是A先生在那裡似的，用雙手畫出人的形狀，然後像是B先生在一旁似地，也用雙手畫出人的形狀，以此引出對方的想像力。

希望對方特別注意聽的時候，要慢慢地說，同時提高音量，這樣副語言會發揮效果。

音調有高低起伏，對方也比較容易理解，能防止對方注意力渙散。

而在說明方面的語言表現，請強調重要的關鍵字，非語言表現則是請留意意象的傳達。

對方能在腦中描繪出視覺畫面的資訊，以手勢和副語言來強調傳達，效果很好。

SECTION 4

美國的中學生學習「引來共鳴的說話方式」規則

前面提到用來與對方變熟識的「說明」規則，所以接下來要學習「引來共鳴的說話方式」。

STEP ❶ 對目的（＝感受）產生共鳴

首先，自己要跟對方有共鳴，這點很重要。

在此，我們再次確認一下所謂的共鳴是什麼。

共鳴與同意很容易搞混，要分開使用，這點很重要。

同意的意思，指的是贊成對方的意見或想法。

而另一方面，共鳴表示未必與對方同樣意見，但能理解對方的想法或感覺。

因此，「我無法同意你的想法，但我理解你會這麼想的心情，我能產生共鳴」這樣的說法並無矛盾。

為了與對方產生共鳴，而擺出聆聽的姿態，好讓對方容易說出他的想法，這點很重要。

常有一些名人，在下定決心後，爆料說出自己以前隱瞞的事情時，許多粉絲雖然無法同意他這樣的想法，但心裡想「你肯說出來，真不容易！」，而對此有共鳴。

換句話說，不是對談話的內容，而是對自己公開說的話，聽者接受了這樣的情感，這就是共鳴。

因此，為了讓對方產生共鳴，不光要主張自己的想法，也要針對自己會有這種想法的經過和背景，主動公開，這點很重要。

介紹幾個因為公開自己的背景而得到共鳴的例子吧。

幾個三五好友聚在一起，熱絡地聊著「這次的連假，大家一起去熱海[12]旅行吧」，這時M只說了一句「抱歉，我不想去熱海」，瞬間把氣氛搞僵。

於是N對M產生共鳴，向他問道「M，你不想去熱海對吧。有什麼原因嗎？」，結果M公開事情的經過和背景說道「其實我曾經住過熱海，後來我爸生意失敗，給熱海的人們添了很多麻煩，因此熱海的人們幾乎每天都跑到我家裡來。有了那個經驗後，我到現在仍不敢去那一帶」，所以其他朋友們也就此產生共鳴，對他說「那太可怕了。這樣我明白了，我們就不去熱海吧」，行程改成日光[13]，大家一團和氣地享受那趟旅行，彼此的人際關係又加深了一層。

STEP 2 適切地說出自己的理解

自己度過了很不景氣的時代，儘管經歷了慘到不能再慘的失敗和挫折，但在遇上現在的工作後，終於擁有今日的成功，像這樣的經驗談，在個人經歷或廣告上常會看見。

爆料自己的負面體驗，比較容易得到共鳴。

甚至有人利用讓人產生共鳴的方法，來當作談生意的技術，可見共鳴擁有影響人們感受的力量。

人們的情感和思考、經驗和環境，是形成一個人的重要因素。

這也就是為什麼能說出現在的自己是如何形成，會如此受到重視。

12. 熱海市位於日本靜岡縣東部，與神奈川縣接壤，以溫泉而出名，也是東京圈重要的觀光都市。

13. 位於日本栃木縣西北部，坐擁火山、高原、湖泊和天然溫泉，是日本最古老的國家公園之一。境內的「日光的神社與寺院」於一九九九年被聯合國教科文組織登錄為世界遺產。

尤其是在美國，能夠主張自己並非和大家抱持同樣的想法一路走到今天，特別能博得好評。

為什麼有這樣的想法，為什麼有這樣的行動，為什麼做這樣的選擇，像這樣的自我理解非常重要。

能配合目的，適切地說出這樣的自我理解，是美國教育的根本。

也就是說，他們重視能引來共鳴的說話方式。

這就是美國的說話技巧教育的目標。

為了得到共鳴，一定得能夠說明其緣由和背景等過程，但不是一味地堅持自我主張，這點也很重要。

換句話說，這需要掌握好時機，「趁現在提出主張」。

如果在不該提出主張的時機開始提出主張，非但不能得到共鳴，還會引來反感，所以需要有掌握對方狀況的觀察力。

以尊重對方的心態來觀察，努力想加以理解的態度，是引來共鳴的說話方式最基本的原則。然後在能公開的範圍下公開自己的事，這樣應該能引來更深的共鳴吧。

SECTION 5

美國的中學生學習的「演說、簡報」的規則

前面已提過用來與對方變得熟識的「引來共鳴的說話方式」規則，所以最後要學習的是「演說、簡報」的規則。

STEP 1 影響人們的目的（＝內心）、改變行動

演說與簡報的差異，在於演說主要是以影響人心為目標，而簡報則主要以促使人們展開行動為目標。

兩者都是以影響聽眾為目的。

不論是演說還是簡報，說話者都必須要有自信。

為了建立這份自信，進行「角色設定」是一種有效的手段。

舉例來說，我在演說時，會看現場是要求我以演員的身分談論演技，還是以社長的身分談論經營，而改變我個人的角色設定。

演說和簡報是誰對誰說，為了什麼目的而說，如果不弄清楚這點，就無法設定說話者的角色。

不妨想想自己的身分和談話內容，好好思考自己作為演說者的角色吧。

此外，演說和簡報與先前以對話為主的溝通不同之處，在於這是一對多的溝通。

我在前面提過，一個人對三人左右展開溝通時，要一邊觀察每個人的語言表現和非語言表現，一邊加以管理；但如果是一次面對數十人，情況可就不同了。

當演說者感到緊張，或是不知該看哪兒好時，有個方法，那就是將會場上的人頭看作是黑點，將他們替換成「・」，展開這樣的想像。

藉由想像會場被「黑點化」的人群填滿，這樣能緩和緊張，放鬆全身，有助於展開自然的演說或簡報。

等習慣把人看作是黑點後，就能掌握住聽眾的心態以非語言表現的方式呈現的感覺。

儘管面對眾人，仍要擁有自我主軸，別忘了保有為對方著想的心態，好好自我表現吧。

STEP 2 非語言表現要大一點

在語言表現方面，挑選的用語要符合自己設定的角色以及想傳達給聽眾的內容。

非語言表現也一樣。

要選擇當下適合自己角色的服裝和上臺的方式、手勢的大小、聲音的高低起伏等。

尤其是面對許多人的會場，由於空間寬敞，最好留意手勢要大一點。其他的非語言表現，例如聲音的起伏、說話速度的變化、表情等，最好也全都要有大一點的變化。

另外，如果是能四處走動的舞臺，因為看得到你的腳，所以對於有規則性的移動方式，以及停步時腳擺放的位置，都要留意。

STEP 3 以充滿力量的架式來自我肯定

在群眾面前說話，任誰都會緊張。沒自信可以侃侃而談的人，建議採取自我對話。

如果覺得自己緊張時，要心想「我很緊張呢」，接受自己目前的狀態，並勉勵自己「沒事的！一切都會順利的」。

要是心想「會順利嗎」，就此浮現不安和擔心等負面的情感，請用了解自己目前內心狀態的自我對話，將負面情感改寫為正向。

如果心裡想「要是失敗怎麼辦」，那就改寫成「我做了那麼多練習，一定沒問題的！」。

如果心想「要是聽眾反應不好，那我可受不了」，就改寫成「就做我現在能做的事吧！挑戰是有意義的」。

為了成為自己想要的人，就展開自我肯定吧。

自我肯定的英文「Affirmation」，或許感覺很像咒語，但在心理學領域的研究下，這是證實有效的自我肯定宣言。

「我有享受發表的才能」、「我不怕失敗，會接受一切，當作是成長的機會」、「我很重視自己的意見和價值，能充滿自信地表現」、「我相信自己的能力，我已獲得成功」、「我想像自己成功的姿態，能為此採取行動」，就像這樣，藉由宣言來激勵自己，加強自信。

大家都知道，運動選手為了發揮最佳狀態，會展開意象訓練。

在腦中想像自己所追求的姿勢或該採取的行動，這種意象訓練主要是將焦點放在非語言表現上。

另一方面，如果將肯定自我想作是將焦點放在語言表現上，語言對腦部產生作用，或許就比較容易了解。

「我已經處在理想狀態」，反覆對自己展開這樣的正向宣言，是充滿自信的心態設定法。

再來就是在正式上場前，擺出充滿力量的架勢，激發幹勁。

像盤起雙臂這類的防守架式，會讓人緊張，增加壓力。相對於此，將手敞開成大字形，大動作表現自己的勝利架式，以及雙手扠腰，顯得充滿自信的架勢，根據研究顯示，能減少壓力，提高自信。

在感到緊張和壓力的場面，擺出這種充滿力量的架式，大腦會產生擁有自信的錯覺，能期待它對身心帶來好的影響。

此外，會讓自己感到興奮的獨創架式也不錯。

我推薦各位用力量架式來自我肯定。

提高自信，尊重別人，調整你的心態後，再說出你想說的話，這是你對聆聽者所能做的最大敬意。

你的成長從拿起這本書的瞬間開始。

而你在讀完後，將學會堅定不移的心態設定，做好邁向全新舞臺的準備。

當你非在眾人面前說話不可時、想和重要的人有更進一步的了解時、想建立新的關係時、因為工作關係而想拓展人脈時、想傳達心中的感謝之情時、想修復關係時，在這些成為人生轉機的重要溝通場合中，我由衷期盼你從本書得到的知識能助你一臂之力。

溝通的知識與技術，不管從幾歲開始學，都還是會不斷成長。

請讓它成為讓你進化的自信。

好了！做個深呼吸，擺出力量架式來肯定自己吧！

「我會因為在指導說話技巧的課程中學習過，而能實現我的夢想！」

★後記★

說話技巧是對未來的投資

謝謝你一路讀到最後。

我在寫這本書時，有了新的認知，了解現今的時代，比過去都更加需要包容多樣性的技能。因此，包容多樣性的主題，如果能作為貫穿本書的主旋律響起，那我覺得我心中的願望就算已經成功傳達了。

時代重視多樣化的存在方式。為了與擁有不同文化和背景的人們能順利地交流，一同成長，得接受對方，同時要具備傳達自己想法的能力。

為了加深對彼此的了解，仔細聆聽，明確傳達的說話方式顯得更為重要。日本人在全世界備受好評的「懂得看氣氛」、「體察別人心思」等掌握對方心思的能力，以及像「謙虛」、「款待」等尊重對方的接洽方式，是脈脈相傳的優秀能力。

這種出色的能力，不光在日本社會，在全球的社會中，其重要性想必會與日俱增。而這種特殊能力要是再加上新的知識，我們日本人不就能學會「最強的溝通技能」嗎！

學習說話技巧，有助於讓你的人生變得更豐富。這項對未來的投資，不管誰從什麼時候開始，一樣都來得及。

在平日的生活中，只要留意「說話時要尊重對方」，就會有變化顯現。只要從現在起下定決心，一點一滴地投入其中，「說話技巧」便會永遠一直成長下去。

本書若能幫助各位提升溝通力，發現自己該走的路，朝「想成為的人」、「想當的人」這個方向努力，那將是我最大的欣慰。

小林音子

國家圖書館出版品預行編目資料

WIN-WIN！美國人的雙贏溝通法：「說真話也不傷人」的聰明人際學！ / 小林音子著；高詹燦譯. -- 初版. -- 臺北市：平安文化, 2025.06 面；公分. -- (平安叢書；第0847種)(溝通句典；72)
譯自:アメリカの中高生が学んでいる話し方の授業
ISBN 978-626-7650-42-4 (平裝)

1.CST: 溝通技巧 2.CST: 說話藝術 3.CST: 人際傳播

177.1 114005104

平安叢書第847種
溝通句典 72

WIN-WIN！
美國人的雙贏溝通法
「說真話也不傷人」的聰明人際學！

アメリカの中高生が
学んでいる話し方の授業

作　　者—小林音子
譯　　者—高詹燦
發 行 人—平　雲
出版發行—平安文化有限公司
台北市敦化北路120巷50號
電話◎02-27168888
郵撥帳號◎18420815號
皇冠出版社(香港)有限公司
香港銅鑼灣道180號百樂商業中心
19字樓1903室
電話◎2529-1778　傳真◎2527-0904
總 編 輯—許婷婷
副總編輯—平　靜
責任編輯—蔡維鋼
美術設計—嚴昱琳
行銷企劃—薛晴方
著作完成日期—2024年
初版一刷日期—2025年06月

法律顧問—王惠光律師

讀者服務傳真專線◎02-27150507
電腦編號◎342072
ISBN◎978-626-7650-42-4
Printed in Taiwan
本書定價◎新台幣380元/港幣127元